Vor Gericht entblößen sich die Menschen, willentlich oder unwillentlich. Jener hat Kokain geschmuggelt, diese hat ihren Mann erschlagen, einer hat nur eine Echse geklaut. Bei der Verhandlung jedoch offenbart sich nicht nur der reine Tathergang, sondern auch die Hintergründe und vor allem die soziale Situation, in der sich die Delinquenten befinden. So wird die Gerichtsreportage zum sozialen Bericht, der allerdings ganz ohne Verklärung auskommt.
Kirsten Küppers ist Reporterin bei der taz und lebt in Berlin.

Kirsten Küppers
Kleine Beile
Gerichtsreportagen

Mit einem Nachwort
von Dietrich Kuhlbrodt

Erste Auflage
Verbrecher Verlag Berlin 2005
www.verbrecherei.de

© Kirsten Küppers
Umschlagzeichnung, Satz: Manja Dornberger
Gestaltung: Sarah Lamparter, Büro Otto Sauhaus
Druck: Dressler, Berlin
Printed in Germany

ISBN: 3-935843-47-X

Der Verlag dankt Heike Toewe und Heide Franck.

INHALT

1	HANDGRANATEN UND PISTOLEN
5	DER AUFTRAG ZUM AUFTRAG ZUM MORD
9	DIE ZWEI WAHRHEITEN DES 1. MAI
11	DOKTORENMACHER
17	LIEBEN BIS DIE LUFT AUSGEHT
21	DER GELIEBTE LEGUAN
25	SELBSTZUGETEILTE SUBVENTION
29	ENTMIETUNG PER MORD
33	BESENSTIELE, BLUTERGÜSSE, BEINSTICHE
37	KOKAIN IM FLIEGENDEN TEPPICH
43	U-BAHN-SCHUBSEN
47	HUNDE FLIEGEN NICHT
49	DIE GEWÖHNUNG
57	ÜBERWACHEN BEIM STRAFEN
61	BORDELL ALS HOBBY
67	FÄUSTE GEGEN FÖRMLICHKEITEN
71	RACHE MIT TÖRTCHEN
75	HERR K. HIELT STILL
81	CYBERSEX AUF MOTORHAUBE
85	MIT HASCHISCH AUF MANDANTENSUCHE
89	DAS SCHICKSAL UND DER BÖSE WOLF
95	UNLAUTERER TIERSCHUTZ
99	SCHAFKOPF ALS VISITENKARTE

103	BEIL IM WAHN
105	RAUCHVERGIFTUNG DURCH WEIZENKORN
109	DIE SICHT DER POLIZEI
111	FRÖHLICHE LEUTE BÖSE
113	VERGEBEN DURCH VERGESSEN
115	DER STAATSANWALT Ein Nachwort von Dietrich Kuhlbrodt

HANDGRANATEN UND PISTOLEN

Wenn Viktor G. Wodka trinkt, packt ihn bisweilen der Mut. Eine regelrechte Attacke von Kühnheit scheint es zu sein, die den 40-jährigen gelernten Baggerführer in solchen Momenten überfällt. Diese Kühnheit treibt Viktor G. zu gewagten kriminellen Handlungen. Etwa, dass er die Angestellte eines „Foto-Fix"-Geschäfts in einem Einkaufszentrum mit einer Handgranate bedroht. Die Granate ist in Wahrheit zwar nur ein Feuerzeug, aber das weiß die erschrockene Angestellte in ihrer Angst nicht.

Mitten in der Abfolge der verhängnisvollen Ereignisse passiert es jedoch auch, dass die Vorhaben des Viktor G. irgendwie stecken bleiben. Ja, sie kommen fast nie über das Versuchsstadium hinaus. Viktor G. zieht wieder ab mit seiner falschen Granate, wird vom Wachschutz vertrieben oder kurzzeitig verhaftet. Seine Unternehmungen scheitern also meist. Bis zum nächsten Mal. Wenn ihn nach dem Wodka wieder der Mut überkommt.

Nun hat die verbrecherische Entschlossenheit den aus Kirgisien stammenden Mann allerdings zum letzten Jahreswechsel ein wenig zu oft befallen. Deswegen muss Viktor G. sich vor dem Landgericht verantworten. Die Anklage lautet auf Hausfriedensbruch, Bedrohung, Beleidigung, Körperverletzung, Nötigung, Diebstahl und Urkundenfälschung. „Ein weiter Streifzug durchs Strafgesetzbuch", sei das, was Victor G. innerhalb eines knappen Monats geschafft habe, sagte der Richter fast ehrfürchtig. Kaum ein Mensch könne in so kurzer Zeit so viele Vergehen anhäufen. Der Mann auf der Anklagebank hörte ihm mit hängenden Schultern zu. Die dunklen Augenbrauen hatte Viktor G. sorgenvoll nach oben gezogen.

Demütig räumte er denn auch den Vorfall im Charlottenburger Hotel Astoria ein. Prompt nach seiner Entlassung aus der Justizvollzugsanstalt Tegel war Viktor G. dort an die Hotelrezeption getreten und hatte eine Million Mark verlangt. Als ihm eine Angestellte mit der Begründung, der Chef sei gerade im Urlaub, das Geld verweigerte, zog Viktor G. eine echt aussehende Pistole und bestellte bei der Frau ein Zimmer und ein Bier. Wenig später nahm ihn die Polizei fest. Seine Waffe entpuppte sich wieder einmal als Feuerzeug, Viktor G. selbst wirkte betrunken.

Mit Trunkenheit rechtfertigt er im Gerichtssaal auch die Serie von Erpressungen gegenüber seinen eigenen Eltern. Insgesamt 500 Mark hatte er von ihnen eingefordert. Um seine vielen Taxirechnungen zu bezahlen. Viktor G. hatte Vater und Mutter so oft geschlagen, dass sich die beiden aus Angst nur noch tagsüber in der gemeinsamen Wohnung aufhielten. Schließlich erstattete Elizaveta G. Anzeige. Der Polizei sagte sie: „Mein Sohn ist nie nüchtern."

Tatsächlich hatte Viktor G. bis zu seiner Verhaftung jeden Tag ab mittags getrunken, gab er zu. Oft war er dann alkoholisiert in das Friedrichshainer „Ring-Center" gefahren. Einmal hatte er dort ein Paar Herrenschuhe aus der Auslage eines Schuhladens unter die Jacke gesteckt, war aber kurz darauf vom Sicherheitspersonal erwischt worden. Andere Zusammenstöße ereigneten sich im „Foto-Fix"-Geschäft. Oft hatte Viktor G. auch nur versucht, in Supermärkten Schnaps zu klauen. Bei seiner Festnahme fand man in seiner Geldbörse einen falschen Führerschein.

Der Prozess werde noch sehr lange dauern, sagt der Richter zu Beginn der Verhandlung. Wegen der großen Zahl der Vergehen. Viktor G. duckt sich hinter der Anklagebank. Ganz klein macht er sich. So als könne das Verfahren auf diese Weise einfach über seinen Haarschopf hinwegrutschen.

DER AUFTRAG ZUM AUFTRAG
ZUM MORD

Die Aussicht auf ein Leben in wunderbarem Reichtum ist ein wesentlicher Antrieb für kriminelles Handeln. Die finanzielle Ausbeute eines Verbrechens dividiert sich in der Regel durch die Zahl der Täter. Bei der am Landgericht verhandelten Angelegenheit gestaltete sich die personelle Arbeitsteilung möglicherweise jedoch so unübersichtlich, dass dieser Aspekt Probleme aufwerfen musste, – genauer die Frage, ob sich ein solches Gruppenverbrechen für den Einzelnen wirtschaftlich überhaupt noch lohnt.

Da wäre zunächst einmal die 61-jährige Renate J. Ihres Mannes war sie im Laufe einer langen Ehe überdrüssig geworden. Der Verkauf des von ihm betriebenen Fahrradladens würde überdies ein hübsches Sümmchen ergeben, hatte sie errechnet. Kurzum: An einem nicht mehr genau bestimmbaren Tag vor einigen Monaten fasste Renate J. den Entschluss, ihren Ehemann töten zu lassen. So steht es in der Anklage.

Das weitere Geschehen soll laut Staatsanwaltschaft so verlaufen sein: In dem von ihr betriebenen Neuköllner Bordell sprach Frau J. die Prostituierte Birgit R. an und versprach ihr 17.000 Euro für den Mord an ihrem Mann. Da R. ihrer Chefin den Handel nicht abschlagen wollte, die Tat aber auch nicht selbst auszuführen gedachte, brachte sie ihren Freund Ali K. ins Spiel. Ali K. ist ein Kerl von einem Mann, er trägt lange

Haare. Auch bei winterlichen Temperaturen erscheint er im T-Shirt. In unseriösen Geschäften ist er nicht ganz unerfahren: Ali K. sagte zu.

Es mag an persönlicher Zuneigung liegen oder an einem Pflichtgefühl, die Verwandtschaft bei größeren finanziellen Transaktionen mitverdienen zu lassen, jedenfalls beschloss Ali K. auch seinen Neffen Cem K. an der Sache zu beteiligen. Dieser hatte nun wiederum einen Nachbarn mit Geldsorgen. Und jener 18-jährige Steve E. war es schlussendlich, der von allen zur ausführenden Kraft bestimmt wurde. 12.500 Euro sollen ihm für den Mord am Fahrradhändler versprochen worden sein. So steht es in der Anklage.

Wenn es tatsächlich so gewesen ist, hatte indes keiner der Beteiligten mit E.s schwachen Nerven gerechnet. Als der junge Mann mit einem Messer in der Hosentasche im Fahrradladen stand, fand er sein Opfer „plötzlich ganz nett". So erzählt es der Angeklagte wenigstens dem Richter. Zweimal zugestochen hat er zwar. „Aber ich wollte ihn nicht töten". Weinend sei er aus dem Laden geflüchtet. Der Fahrradhändler überlebte schwer verletzt.

E. erzählt weiter: Abends sei er dann mit Ali K. bei der Auftraggeberin und Ehefrau des Fahrradhändlers im Wohnzimmer auf dem Sofa gesessen, erklärt er. 50 Euro hätte diese ihnen ausgehändigt. „Sie ist ein bisschen sauer gewesen, dass ihr Mann nicht tot war." Die beiden Männer hätten ihr „mit etwas Druck" später noch 300 Euro entlocken können, meint E. Das war alles.

Zu diesem Zeitpunkt kann es gewesen sein, dass E. erste Kosten-Nutzen-Rechnungen aufgestellt hat. Wenig später jedenfalls stellte er sich der Polizei. Ali K. wurde kurz darauf in einem Dortmunder Industriegebiet aufgegriffen.

Neben den beiden Männern müssen sich nun auch Cem K., die Prostituierte Birgit R., und die vermutliche Auftraggeberin Renate J. vor dem Richter verantworten. Die Frau des Fahrradhändlers hat bisher im Prozess geschwiegen. Still und in sich gekehrt sitzt sie auf der Anklagebank, nur bisweilen stechen böse Blicke herüber. „Ihr geht es sehr, sehr schlecht", erklärt ihre Anwältin. Die Verteidigerin geht davon aus, dass die ganze Geschichte anders verlaufen ist. Ihre Mandantin sollte als Bordellbetreiberin mit der Tat erpresst werden, um ausstehende Schutzgelder zu zahlen, erklärt die Rechtsanwältin in einer Verhandlungspause.

Auch das Opfer, der Fahrradhändler J., glaubt an die Unschuld seiner Frau. Er ist ein schmächtiger Mann, in den Prozesspausen ruft er immer wieder: „Ich kann mir nicht vorstellen, dass sie dahinter steckt". Er habe mit seiner Frau nach dem Vorfall telefoniert. Zehn Minuten später sei Hilfe gekommen. Das zeige doch schon, dass sie nichts Schlimmes wolle. Ein Scheidungsverfahren zwischen den Eheleuten J. läuft.

Der Richter lässt sich von diesen Argumenten nicht beeindrucken. Er glaubt nicht an Renate J.s guten Willen, Hinweise für ein Komplott zur Schutzgelderpressung kann er auch nach vielen Verhandlungstagen nicht finden. Vielmehr hört das Gericht auf das, was die Komplizen sagen. Die Arbeitsteilung klingt zu pragmatisch, um ausgedacht zu sein. Der Richter verurteilt die Bordellbetreiberin Renate J. zu acht Jahren Gefängnis. Die Vorwürfe gegen die anderen Beteiligten werden fallengelassen.

DIE ZWEI WAHRHEITEN DES 1. MAI

David H. soll am 1. Mai einen Polizisten mit einem Pflasterstein auf den Kopf geschlagen haben. Das ist ein schwer wiegender Vorwurf. Wegen Landfriedensbruch und gefährlicher Körperverletzung muss sich der aus einer Kleinstadt bei Flensburg stammende 25-jährige Sozialhilfeempfänger vor dem Berliner Landgericht verantworten.

Es gibt in Berlin eine lange Tradition der Lagerbildung und Parteinahme, was die Beurteilung der alljährlichen Ereignisse im Zusammenhang mit der „Revolutionären 1.-Mai-Demonstration" angeht. Auch im Fall von David H. kursieren daher sehr unterschiedliche Versionen davon, wie die Sache genau verlaufen ist.

Wegen der Geburtstagsfeier seines Bruders sei er am 1. Mai nach Berlin gekommen, sagt H. selbst im Prozess. Von der Demonstration habe er nur nebenbei erfahren. Mit seiner Freundin sei er friedlich durch Kreuzberg gezogen – als Veganer auf der Suche nach einem Lokal, in dem es Sojadrinks gibt. In einer Nebenstraße bekam er mit, wie „ein kräftiger Mann auf eine schmächtige Person einschlug". Diese habe um Hilfe gerufen. H. dachte, es handele sich um seine plötzlich verloren gegangene Freundin, der Schläger sei vielleicht „ein Neonazi". Nur darum habe er sich eingemischt, habe versucht den Prügelnden wegzuschubsen. In der Folge wurde er selber geschlagen, gefesselt und weggeschleppt. Von Zivilpolizisten, wie er hinterher erkennen musste.

Der 36-jährige Polizist H. hat das Geschehen anders in Erinnerung. Er war am 1. Mai als Leiter einer verdeckt arbeitenden Sondereinsatzgruppe unterwegs. Er habe gesehen, wie Vermummte sich an einem Auto zu schaffen machten. „Offenbar sollte eine Barrikade vergrößert werden", erzählte der über zwei Meter große Mann dem Richter zum Prozessauftakt. „Weil Steine flogen, duckte ich mich hinter einen Lieferwagen." Er habe eine weitere Person gesehen. Der Mann habe zum Werfen ausgeholt. Dann habe ihn ein wuchtiger Schlag am Auge getroffen. „Es war wie eine Explosion im Kopf."

Gleich mehrere Polizisten bestätigten die Aussage ihres Kollegen. Auch dies war nicht anders zu erwarten gewesen. Es ist bekannt, dass Polizisten einander bei Verfehlungen im Dienst oftmals decken. Der Ton zwischen den Beamten und David H.s Verteidigern im Gerichtssaal ist scharf. Schon allein der Kleidung nach sei der Angeklagte damals eindeutig „den Störern zuzuordnen gewesen", sagt ein Polizist aus. Bei der Festnahme habe sich David gewehrt: „So einen Widerstand habe ich schon lange nicht mehr erlebt", meint ein anderer.

Mehrere Kreuzberger Anwohner waren auch als Zeugen geladen. Keiner von ihnen hat damals indes einen Anlass für den Zugriff der Polizisten erkennen können. Keinen Steinhagel und kein auf die Straße geschobenes Auto. Stattdessen sollen die Beamten heftig auf den Angeklagten eingeschlagen und ihn dann abgeführt haben. „Im Polizeibus müssen sie ihn weiter geprügelt haben", glaubt eine Zeugin. „Das ganze Auto hat gewackelt."

DOKTORENMACHER

Der Richter bittet den Mann, der den elegantesten Anzug trägt, nach vorne. Es ist der Zeuge Lutz W., von Beruf Wirtschaftsingenieur. Ein viel beschäftigter Mann, 43 Jahre alt. „Ich habe wenig Zeit", sagt Lutz W. mehrmals bei seiner Vernehmung, er guckt auf die Uhr. Der Anzug und die Uhr verleihen der Person W. eine Sicherheit, auf die er erkennbaren Wert legt. Eine Sicherheit, die es braucht für das Leben in besseren Lagen. Ein Doktortitel hätte dieses angenehme Gefühl bei Wirtschaftsingenieur W. noch verstärkt. Es hätte gut geklungen: Doktor Lutz W. Es hätte gut ausgesehen auf der Visitenkarte. Lutz W. wollte diesen Doktortitel haben. Aber er ist ein sehr beschäftigter Mann. Er hatte keine Zeit, selbst eine Dissertation zu schreiben, sagt er. Im August 2001 nahm er sich daher einen Tag frei und lief zum Kurfürstendamm. Er suchte dort das Büro der Kanzlei Akademus auf.

Jetzt sitzt Lutz W. als Zeuge im Gerichtssaal. Die Kanzlei Akademus hat gefälschte Doktortitel verkauft. Mindestens 71 Mal, sagt die Staatsanwaltschaft. Verdient hat sie mit diesem Geschäft rund 1,2 Millionen Euro. Bis zu 44.000 Euro haben Kunden wie Lutz W. für eine Promotionsurkunde bezahlt. Sie haben das Geld an den 34-jährigen Martin D. überwiesen, einen gelernten Maler und Lackierer. D. war der Chef der Kanzlei Akademus. Er und sein 54-jähriger Komplize sind nun vor dem Landgericht angeklagt. Die beiden Männer sitzen still da. Sie schauen aneinander vorbei. Betrug und Urkundenfälschung wird ihnen vorgeworfen.

Es kamen Menschen aus ganz Deutschland, die sich von den beiden den Namen mit einer akademischen Auszeichnung verschönern lassen wollten. Einer der Kunden wurde mit dem neuen Dr.-Kürzel Professor an einer Fachhochschule in Bayern. In einer peinlichen Verwaltungsprozedur musste er den Posten wieder abgeben, als der Schwindel bekannt wurde. Auch ein 70-jähriger Pfarrer hat bei Akademus einen Doktortitel gekauft. Er wollte ihn später auf seinem Grabstein stehen haben. Weitere Klienten waren ein Manager aus der Führungsetage von Daimler Chrysler, ein ehemaliger BKA-Beamter, ein Bankdirektor, ein Kfz-Sachverständiger, ein Immobilienmakler. Außerdem Anwälte, Ärzte, Lehrer und Politiker. Sie alle fuhren irgendwann in den Jahren 2000 bis 2002 nach Berlin und besuchten das Büro am Kurfürstendamm. So wie es der Zeuge Lutz W. getan hat.

Dort trafen sie auf den Hauptangeklagten Martin D., einen schlanken wortgewandten Mann, der ihnen eine problemlose und rasche Abwicklung der Angelegenheit versprach. Die Universitäten litten sehr unter den derzeit über sie hereinbrechenden Mittelkürzungen, pflegte D. seinen Kunden zu erklären. Deswegen seien Professoren als Gegenleistung für eine angemessene Spende an den Fachbereich gerne bereit, den Spendern eine zügige Promotion zu erteilen.

„Diese Theorie schien mir durchaus plausibel", erzählt der Zeuge Lutz W. dem Richter. Für das Verfassen und Fertigstellen der Doktorarbeiten war ein weiterer Akademus-Komplize zuständig, ein in einem abgetrennten Verfahren angeklagter Werbefachwirt. Auch ihn haben die Klienten in den Räumlichkeiten am Kurfürstendamm kennen gelernt. Der Mann erschien im Anzug, die dunklen Haare sauber gescheitelt. Auch das Büro machte keinen billigen Eindruck. Die meisten Interessenten haben den Vertrag mit Akademus schnell unterzeichnet und erste Geldbeträge überwiesen.

Bei seinem nächsten Besuch im Akademus-Büro traf Lutz W. auf seinen vermeintlichen Doktorvater. Einen älteren Herrn mit grauer Hose. Er trug keine Krawatte, die Haare waren nachlässig frisiert. „Er sah für mich wie ein typischer Wissenschaftler aus", erzählt W. Der Mann überreichte ihm eine Immatrikulationsbescheinigung der Universität Hamburg. Das Papier war gefälscht. Auch der Professor war nicht echt. Es handelte sich um den Mann, der nun als zweiter Angeklagter im Prozess sitzt: Um den Schauspieler Norbert W., einen unauffälligen Mann in Hose und Pullover.

Der hat von Wissenschaft nicht viel Ahnung. Bereits am ersten Prozesstag hat er ausgesagt, sich seine Kenntnisse in diesem Metier vor allem aus dem Fernseher abgeguckt zu haben: „Ich kannte höchstens Professor Brinkmann aus der Schwarzwaldklinik." Das ist nicht viel für einen, der einen überzeugenden Doktorvater geben muss. Während seiner Auftritte als Professor war Norbert W. deshalb die meiste Zeit damit beschäftigt, „Momente zu vermeiden, dass mich einer mal was Fachliches fragt". Er redete schnell und viel, um die Treffen schnell hinter sich zu bringen. Zum vereinbarten Termin überreichte er dann dem jeweiligen Kunden mit vorgeblicher Feierlichkeit die Promotionsurkunde. „Es funktionierte hervorragend", sagte Norbert W. bei seiner Vernehmung. Die Sache ging zwei Jahre lang gut.

Aufgeflogen ist der Betrug durch einen misstrauischen Sachbearbeiter im Einwohnermeldeamt Ingolstadt. Bei den Meldeämtern lassen sich die Beamten die Promotionsdokumente vorlegen, bevor sie einen Doktortitel offiziell im Personalausweis eintragen. Der Sachbearbeiter aus Ingolstadt traute den Unterlagen nicht. Er prüfte sie wieder und wieder, fragte eine Kollegin. Schließlich nahm er den Hörer in die Hand und rief beim Fachbereich Wirtschaftswissenschaften der Freien Universität (FU) Berlin an. In den folgenden Wochen gab es mehrere solch hektischer Anrufe bei diversen Universitäten im Land. Der Chef der Akademus-Kanzlei Martin D. wurde nervös, er nahm ein Taxi zum Flughafen und floh in die Schweiz. Kurz darauf wurde er dort verhaftet.

Während nun am Berliner Landgericht die Verhandlung läuft, die Richter viele Zeugen wie den gut gekleideten Lutz W. befragen und diese immer wieder beteuern, sie hätten geglaubt, das Geschäft mit den Doktortiteln sei völlig legal. Nachdem dann der Angeklagte Martin D. flüssig seine Kontoeingänge verliest und den heimlichen Stolz über die hohen Beträge kaum verbergen kann. Und während der Schauspieler Norbert W. dem Geschehen eher in behäbiger Gelassenheit folgt – während das alles passiert, fällt hinten im Gerichtssaal ein älterer Herr auf.

Er sitzt da mit übereinander geschlagenen Beinen und lächelt still. Es ist ein echter Professor mit echtem Doktortitel. Heinz-Günter Geis lehrt am Fachbereich Wirtschaftswissenschaften der FU. Er ist gekommen, um sich seinen Doppelgänger anzusehen. Oft hatte sich der Schauspieler bei den Auftritten in der Akademus-Kanzlei als Professor Geis ausgegeben. „Eine gewisse Ähnlichkeit im Gesicht ist da", meint der echte Heinz-Günter Geis. Sein Lächeln wirkt ein bisschen gespannt, wie er das sagt.

Nach drei Monaten wird im Prozess um die Kanzlei Akademus ein Urteil erwartet. Die Angeklagten haben alles zugegeben, der Staatsanwalt fordert für den früheren Maler und Lackierer Martin D. fünf Jahre Haft, für den Schauspieler Norbert W. drei Jahre. Er sagt, die beiden hätten „eine ziemliche Show abgezogen".

LIEBEN BIS DIE LUFT AUSGEHT

Die Polizei hatte Michael K. am späten Abend aufgesammelt. Der 43-Jährige stand betrunken und verwirrt neben einer Telefonzelle. „Ich habe meine Frau sehr geliebt", sagt er. Aber dass er selbst dieser Liebe das Ende bereitet hat, das fängt K. wohl erst zu diesem Zeitpunkt an zu begreifen, als die Beamten ihn ins Auto laden.

Michael K. hatte selbst bei der Polizei angerufen. Erst nach langen Stunden der Ratlosigkeit hatte er das getan. Nachdem er umhergeirrt ist in der Hohenschönhauser Wohnsiedlung. Vorher hatte er mit einem Kumpel viele Flaschen ausgetrunken. Der Freund war zum Supermarkt gelaufen und hatte zwei neue Bierkästen geholt. Er und K. hatten weiter getrunken. Dann hatte K. einen anderen Freund besucht. Es gab mehr Alkohol. Michael K. wollte sich vom Hochhaus stürzen. Irgendwann wählte er die Nummer der Polizei.

Nun steht Michael K. vor Gericht. Wegen Totschlag und versuchten Mordes muss er sich jetzt verantworten. An jenem Tag im September hatte es zunächst nicht danach ausgesehen, dass solche Verbrechen in Hohenschönhausen passieren würden. Es ließ sich gut an für Michael K. und seine Liebe.

Morgens hatte er einige Gläser Weinbrand und Cola getrunken. Er hatte seine Frau besucht. Sie lebten getrennt. Wegen der Probleme, die es zwischen ihnen beiden gab. Weil er zu viel trank. Jeden zweiten Tag eineinhalb Flaschen Whisky konsumierte Michael K. Seine Frau hing immer am Computer. Sie pflegte ihre Internetbekanntschaften. Das störte Michael K. Das Zusammenleben der beiden funktionierte nicht. Es gab zu viele angefangene Versprechen und zuviel abgebrochenes Vertrauen.

Bei dem Besuch an diesem Tag hatten sich Michael und Carmen K. allerdings zunächst gut verstanden. K. schöpfte Hoffnung. Seine Frau habe ihm angedeutet, dass es vielleicht doch noch etwas werden würde mit ihnen beiden, erzählt K. der Richterin. Sie hatten sich umarmt, sie waren ins Schlafzimmer gelaufen. Sie hatten miteinander geschlafen, berichtet K. fast stolz.

Was danach kam, kann er indes nur stammelnd und in zerrissenen Halbsätzen erzählen.

Seine Frau habe ihn plötzlich weggeschubst. K. kann es nicht fassen. Die Stimme wird laut. Sie habe gesagt, die Beziehung sei endgültig beendet. Daraufhin habe er seinen Arm um den Hals seiner Frau gelegt und zugedrückt. „Ich wollte sie nicht mehr loslassen, weil ich sie liebte." K. weint, der Kopf sackt zwischen die Schultern. Lange seien sie damals auf der Matratze gelegen. Plötzlich sei Carmen K. tot gewesen, meint er.

Eine Situation, in der Michael K. nicht weiter wusste. Er habe die Leiche schließlich in zwei Bettbezüge gewickelt und in den Bettkasten gelegt, erklärt er. Eine bessere Idee war ihm nicht eingefallen.

Was weiter in der Anklage steht, bestreitet Michael K. Als der 20-jährige Sohn am späten Nachmittag in der Wohnung eintraf, habe K. versucht, ihn mit einem Computerkabel zu erdrosseln, heißt es da. Rico K. habe sich indes befreien können. Daraufhin sei der Vater mit einem Brotmesser erneut auf ihn losgegangen. Der Sohn konnte fliehen, er rannte das Treppenhaus herunter und rief die Polizei.

Die Beamten kamen in die Wohnung, sie fuhren Michael K. im Auto weg. Nach einem Gespräch auf der Wache ließen sie ihn wieder laufen. K. hatte von dem Verbrechen nichts gesagt.

Erst Stunden später, als die Beamten schon wieder abgezogen waren, und die Geschwister alleine in der Wohnung standen, entdeckten Rico K. und seine zwei Jahre jüngere Schwester das Schlimme im Bettkasten: die Leiche ihrer Mutter.

Man kann sich schwer vorstellen, wie einer so etwas verkraften soll.

Rico K. sitzt jetzt seinem Vater im Gerichtsaal gegenüber und guckt ihn nicht an. Wenn er von ihm spricht, sagt er nur „mein Erzeuger". Er legt so viel Verachtung in seine Worte, wie er kann. Das Verhältnis zwischen „seinem Erzeuger" und seiner Mutter sei schon lange schlecht gewesen. Rico K. schildert Tage voller Alkohol, Streit und unbezahlter Rechnungen. Von diesem Leben übrig geblieben ist jetzt ein gewaltiger Vorwurf. Zum Prozess haben sich Rico K. und seine Schwester T-Shirts mit dem Foto ihrer Mutter angezogen.

Michael K. hat diesem Vorwurf nichts entgegenzusetzen. Er weint und sieht hilflos zu seinem Anwalt. Die Richterin verurteilt ihn zu sieben Jahren Haft.

DER GELIEBTE LEGUAN

Die Liebe des Landschaftsgärtners Rainer R. gehört einer besonderen Tierart: den Echsen. Insbesondere im grünen Leguan hat der 37-jährige Mann aus Reinickendorf einen intelligenten Hausgenossen gefunden, ein elegantes, wendiges Lebewesen, das R. nicht zuletzt über seine Eheprobleme hinweghelfen konnte – so verständig und weise, wie es eben nur ein Tier vermag.

Indes ist das Seelenleben von Rainer R. erneut aus dem Gleichgewicht geraten. An diesem Tag verschwand sein zahmer, 120 Zentimeter langer Leguan. Wie es dazu kam, ist eine wirre Geschichte, in dem viele Menschen unterschiedliche Dinge behaupten, ein unheilvoller Zusammenhang, der als schwerer Raub vor dem Landgericht verhandelt wird.

Angeklagt sind zwei junge Männer. Rainer R. erzählt, die beiden hätten versucht, bei ihm Geld einzutreiben, Schulden, die er nie gehabt hätte. Der eine Mann habe ihm in seinem Wohnzimmer ein Messer an den Hals gehalten, während der Komplize den Leguan in seine Jacke rollte. Dann seien die Männer geflohen, im Gepäck das Tier im Wert von 1.100 Euro. Rainer R. ist sehr nervös bei der Aussage. Die Aufregung stört die Erinnerung. Manchmal spricht R. von drei, dann nur von zwei Tätern. Mit dem Datum ist er sich auch nicht sicher.

Eine Zeugin meint, sie habe R. damals weinend am Straßenrand gefunden. R. saß auf dem Bürgersteig. „Er wollte sich vor ein Auto werfen", so sehr habe ihn der Verlust seines Leguans getroffen. Ihr Exfreund ist ebenfalls als Zeuge geladen. Er erklärt, auch etwas von der Sache mitbekommen zu haben: Der Leguan sei „durch mehrere Hände" gegangen und irgendwo in einer Hochhauswohnung im Märkischen Viertel gelandet.

Die beiden Angeklagten bestreiten die Vorwürfe. Der eine behauptet, R. habe den Leguan freiwillig einem unbekannten Dritten ausgehändigt. Warum, wüssten sie beide auch nicht. Sie hätten lediglich dabeigestanden.

Ein Knäuel ungenauer und widersprüchlicher Aussagen liegt damit vor der Welt. Einig sind sich die Beteiligten nur darüber, dass sie sich alle von einer Reinickendorfer Wiese kennen, auf der man gelegentlich die Tage verbringt, gemeinsam trinkt und redet.

Allerdings hat der ältere der beiden Angeklagten einmal als Teenager eine Apotheke ausgeraubt. Der Staatsanwalt glaubt nun, einen gewalttätigen Serienverbrecher vor sich zu haben. Er beklagt ausgiebig, dass die beiden Angeklagten aufgrund ihres Alters noch unter Jugendstrafrecht fallen. Er steht auf und schimpft und schreit. Die beiden Angeklagten zucken zusammen.

Nach diesem Ausbruch scheint die Angelegenheit größer. Der Richter muss reagieren. Vielleicht fühlt er sich auch einfach dem Tierfreund R. verpflichtet. Er verurteilt die beiden Angeklagten zu Haftstrafen von fünfeinhalb bzw. sieben Jahren. Wegen schweren Raubes.

Dem Landschaftsgärtner R. ist mit dieser Entscheidung freilich nicht geholfen. Immer wieder lief er klagend den Gerichtsflur entlang: „Ich will meinen Leguan wiederhaben!" Der Verbleib des wertvollen Tieres bleibt ungeklärt.

SELBSTZUGETEILTE SUBVENTION

Es ist bekannt, dass die Berufsgruppe der Kohlenhändler nicht selten ein gewisses Potenzial an krimineller Energie in sich trägt. Den Kunden zum vollen Preis weniger Ware zu liefern, ist eine beliebte Geschäftsidee. Gleichzeitig bedeutet es eine durchaus lohnende Unternehmung. Denn Brennstoffhändlern einen Betrug nachzuweisen, gelingt nicht oft. Oft sind ihre Kohlen-Waagen manipuliert. Und welche Privatperson hat schon ein geeichtes Messgerät zu Hause, um das korrekte Gewicht einer tonnenschweren Lieferung zu kontrollieren?

So wirkt es fast wie eine Warnung an die Branche, dass pünktlich zum Start der Heizsaison vor dem Landgericht der Prozess gegen den 51-jährigen Kachelofenbauer Dieter D. und den 59-jährigen Kohlenhändler Rudolf H. begann. Den Geschäftspartnern wird vorgeworfen, in insgesamt 132 Fällen über ihre Kohlen- und Schrotthandlung „Fortuna" in Kaulsdorf mit gefälschten Quittungen mehr Brennstoff in Rechnung gestellt zu haben als tatsächlich geliefert. Bei den Mengen sollen sie um bis zu 18 Tonnen geschummelt haben. Der Schaden wird auf rund 90.000 Mark geschätzt.

Die Sache dauert nicht lange. Nachdem der Staatsanwalt die langen Zahlenketten ihrer falschen Transaktionen vorgelesen hatte, gaben die beiden Angeklagten ihre Schuld unumwunden zu. „Wir hatten uns ein Geschäft erhofft, aber das ist voll nach hinten losgegangen", sagte der rund und gemütlich aussehende Rudolf H. Seiner Aussage zufolge hatte ein Heizer sie auf die Idee gebracht, einfach „mehr aufzuschreiben". Der schöne Profit sei aber stets in die Firma gesteckt worden. „Alles wurde versteuert", meinte Dieter D. fast trotzig zur Richterin. Er hätte nicht gedacht, dass die Sache herauskommt.

Freilich ging es in dem Verfahren schon um weniger als ursprünglich ermittelt. Eine erste Anklage gegen die Fortuna-Betreiber war noch von rund 2.000 Fällen ausgegangen. Ein Schaden von rund einer Million Mark soll hierbei entstanden sein. Warum der Prozess nun auf 132 Fälle beschränkt wurde, wollte die Staatsanwaltschaft nicht erklären. Vielleicht trauten die Ermittler ihren Beweisen nicht, vielleicht spürten sie Mitleid mit einer in diesem Land aussterbenden Berufsgruppe. Nach Angaben der zuständigen Senatsverwaltung heizen nur noch weniger als fünf Prozent der Berliner Haushalte mit Kohle.

Allerdings sind die beiden Angeklagten keine Unbekannten. Bereits 1996 sind die Männer wegen illegaler Geschäfte in Nachwendezeiten überführt worden. Sie hatten damals Bewährungsstrafen von 12 und 22 Monaten erhalten. Es ging um Betrug beim Verkauf subventionierter Kohle. Die Brennstoffhandlung Fortuna hatte damals beträchtliche Mengen an große Firmenkunden geliefert. Die Ware war billiger als bei der Konkurrenz. Die Rechnungen hatten Rudolf H. und Dieter D. als Privatlieferungen gekennzeichnet. Zu jenen Zeiten wurde Kohle für ostdeutsche Privathaushalte noch vom Staat subventioniert. Rudolf H. und Dieter D. verkauften Kohle, kassierten Fördergelder und machten gute Geschäfte. Die Sache hatte sich gelohnt.

Diesmal kommen die Fortuna-Betreiber nicht mit einfachen Strafen davon. Rudolf H. muss für drei Jahre und neun Monate ins Gefängnis. So hat das Gericht entschieden. Sein Kollege Dieter D. erhält eine Bewährungsstrafe von zwei Jahren. Außerdem müssen die beiden Männer 14.400 Mark an die Justizkasse zahlen.

ENTMIETUNG PER MORD

Es waren schöne Ferien gewesen. Der Chef hatte ihr den Urlaub auf den Galapagos-Inseln zum 25-jährigen Dienstjubiläum spendiert. Und als die Buchhalterin Doris Kirche nach diesen warmen Tagen in Sonne und Erholung wieder an ihren Schreibtisch im Kreuzberger Autohaus „King Cars" zurückkehrte, war die 54-Jährige heiter und entspannt. Sie ahnte nicht, was sie an diesem Montag an ihrem Berliner Arbeitsplatz erwartete; sie konnte nicht wissen, dass sie beobachtet worden war. Dass nun plötzlich ein dunkelhaariger Mann in ihr Büro stürmen sollte, eine abgesägte Schrotflinte unter der Jacke vorzog und sie mit mehreren Schüssen niederstreckte. Ein Auftragsmord, wie die Polizei erst Jahre später herausfand.

Doris Kiche musste am 22. Februar 1993 sterben, weil sie nicht aus ihrer Fünfzimmerwohnung ausziehen mochte, in der sie die letzten zwanzig Jahre verbracht hatte. Nur 800 Mark Miete im Monat zahlte sie für jene 180 Quadratmeter in der Nassauischen Straße in Wilmersdorf. Der Zahnarzt, dem die Wohnung gehörte, wollte Doris Kirche loswerden. Die Zimmer sollten lukrativ weiterverkauft oder zumindest teurer vermietet werden. Das war sein Plan.

Acht Jahre liegt die Tat zurück. Nun sprach das Landgericht das letzte Urteil im Zusammenhang mit dem Mord an Doris Kirche. Der Richter befand den 29-jährigen Griechen

Georgios D. als Mittäter schuldig. Der Kellner muss eine Haftstrafe von 14 Jahren antreten. Der Immobilienmakler Eberhard H. war bereits 1999 als Auftraggeber zu lebenslanger Haft verurteilt worden. Der mutmaßliche Killer, der Grieche Johannis S., hatte die gleiche Strafe erhalten. Eine Schuld des Wohnungseigentümers konnte nicht nachgewiesen werden, obwohl der Tod seiner Mieterin dem Zahnarzt große Gewinne bescherte. Zunächst vermietete er die Zimmer als Bordell zum dreifachen Preis, später verkaufte er die Wohnung für 800.000 Mark.

Die Idee, Doris Kirche umzubringen, stammte jedoch von dem Makler H. Davon ist das Gericht überzeugt. Die beiden Griechen wurden von H. als „Männer fürs Grobe" angeheuert, der Makler besorgte die Schrotflinte und versprach ihnen Geld.

Daraufhin habe der verurteilte Georgios D. an jenem verhängnisvollen Montag in der Nähe des Autohauses gewartet, bis sein Komplize den Todesschuss auf Doris Kirche abfeuerte. „Dass Sie nicht selbst geschossen haben, heißt nicht, dass Sie unschuldig sind", sagte der Richter. Der Angeklagte sei die „treibende Kraft" gewesen.

Ausschlaggebend für die Entscheidung des Gerichts war die Aussage des Kronzeugen M. gewesen. Der will die beiden Griechen aus einem Lokal in Wedding kennen. Er selbst habe bei der Sache ursprünglich mitgemacht. Er habe Doris Kirche im Auftrag des Maklers für 200 Mark beschattet. Dann sei er allerdings aus der Sache ausgestiegen. „Ich wusste, dass was Schlimmes passiert." „Der Auftrag heißt töten", soll ihm Johannis S. gesagt haben.

Georgios D. konnte an der griechisch-bulgarischen Grenze gefasst werden. Im Prozess beteuerte er bis zuletzt seine Unschuld. Als er sein Urteil vernahm, blinzelte der kleine Mann nervös. Sein Rechtsanwalt hatte einen Freispruch gefordert, die Beweise seien nicht ausreichend. Der Kronzeuge M. gelte als heroinsüchtig.

Auch der Anwalt des vermeintlichen Todesschützen Johannis S. ist nicht zufrieden. Es gäbe Beweise, dass der Zeuge M. für seine Aussage 100.000 Mark erhalten habe, erklärte er vor dem Gerichtssaal.

BESENSTIELE, BLUTERGÜSSE, BEINSTICHE

Der Handel mit Rauschgift ist bekanntermaßen ein kompliziertes Verteilungssystem von Großeinkäufern, Subunternehmern, Zulieferern und Kunden. Wird ein Mitglied dieses auf Loyalität und Verschwiegenheit beruhenden Geflechts von der Polizei erwischt, müssen auch die anderen Beteiligten Konsequenzen fürchten. In dem am Landgericht begonnenen Prozess um zwei mutmaßliche Dealer sagen deswegen alle Verfahrensbeteiligten so wenig wie möglich, allenfalls soviel wie nötig; nur Bruchstücke.

Angeklagt sind der 24-jährige Stephan Sch. und der 26-jährige Markus R. Sie sollen nicht nur illegal Rauschgift vertickt, sondern auch Drogenkuriere misshandelt haben. Zu Prozessbeginn gibt Sch. zwar zu, ein wenig mit kleinen Mengen von Haschisch, LSD und Ecstasy gehandelt zu haben, aber an Schläge mit dem Besenstiel und Messerstiche kann er sich nicht erinnern. Atemlos stößt der blasse Mann seine Aussage hervor, – so als könne er damit seine Ernsthaftigkeit unterstreichen; R. schweigt.

Anderes erfährt man vom Zeugen Karsten K., dem ehemaligen Kurier. Er habe mehrere Monate für Sch. Drogen weiterverkauft. Ein Gramm Haschisch bekam er beim Angeklagten für acht Mark, und verkaufte es für zehn weiter. Später habe er das Gramm für 5,60 Mark von Sch. erhalten. Als der

20-jährige Gebäudereiniger K. jedoch zu Silvester 2000 aus dem Geschäft aussteigen wollte, sei er mehrmals in der Weddinger Wohnung des Dealers bedroht, mit Bierflaschen beworfen und mit einem Hammer sowie einem Besenstiel geschlagen worden. Zudem habe ihm der Angeklagte mit einem Klappmesser ins Bein gestochen. Im Krankenhaus wurden K. Prellungen, Blutergüsse und Verletzungen am Bein attestiert.

K's Mutter und Stiefvater waren damals über das eingeschaltete Handy Ohrenzeugen der Misshandlungen des Sohnes geworden. Beide berichten dem Gericht von Schreien und Weinen sowie dem Lärm umherfliegender Flaschen. Danach sei ihr Sohn blutend und mit vielen blauen Flecken nach Hause gekommen, erinnert sich die Mutter.

Wenige Tage zuvor sei der Angeklagte Sch. zu ihr gekommen und habe gedroht, alle in die Luft zu jagen, wenn die Familie sich einmische. „Aus meiner Sicht war das eine Morddrohung", sagt die Hausfrau. Nach Angaben des Stiefvaters habe der Angeklagte den Sohn als sein Eigentum betrachtet. Allerdings neige auch der bisweilen zu Übertreibungen, gibt er zu.

Das glaubt auch der Richter, der immer wieder Mühe hat, aus den nervös hervorgehaspelten Sätzen des Zeugen K. eine schlüssige Geschichte zu konstruieren. Viele Anklagepunkte sind noch unklar. Sch. soll auch einen weiteren Drogenkurier mit einer Waffe eingeschüchtert haben. Der Mitbeschuldigte R. habe ebenfalls Schläge verteilt; sein Kampfhund diente dabei zur Einschüchterung. Von den in der Anklage erwähnten großen Mengen von Kokain wollen dagegen alle Verfahrensbeteiligten nichts wissen.

Später sagt K. noch, er habe seit dem Abbruch einer Entzugstherapie nur ein einziges Mal wieder an einem Joint gezogen, der Angeklagte Sch. schickt ein verächtliches Zischen durch den Raum.

KOKAIN IM FLIEGENDEN TEPPICH

Es war ein ganz großes Ding. 167 Kilo! In einem sicheren Versteck! Es hätte klappen können. Es hätte wieder ein Anfang sein können. Sie hätten Sekt und Champagner getrunken, die Musikanlage laut gestellt. Irgendwie wäre es gut weitergegangen. Aber die Sache ist schief gelaufen. Wie so vieles im Leben von Norbert Witte schief gelaufen ist.

Norbert Witte ist Schausteller von Beruf. Die Gefahr hängt diesem Gewerbe vielleicht irgendwie an, wahrscheinlich hat Witte das Abenteuer immer gesucht. Er ist jetzt 49 Jahre alt und sitzt als Angeklagter vor dem Landgericht Berlin. Das Vergehen ist eindeutig: Witte hat versucht, 167 Kilo Kokain in seinem Fahrgeschäft von Peru nach Deutschland zu schmuggeln.

Er hat es versucht. Aber es gab eine Razzia in Peru. Alle wurden verhaftet. Er hat jetzt nur noch seinen Anwalt. Norbert Witte sitzt auf der Anklagebank. Ein Mann mit voluminösem Seitenscheitel, Schnauzbart, ein geblümtes Hemd unter dem schwarzen Jackett. Witte sitzt zusammengesunken da und guckt auf das, was gewesen ist. Wahrscheinlich hat er einen melancholischen Film im Kopf. Die Lage sieht nicht besonders gut aus.

Norbert Witte hat schon vieles angestellt. Es scheint, als stehe er morgens auf, und die Dinge fangen an, sich in die falsche Richtung zu bewegen. Zum Beispiel hat Witte 1981 eine Katastrophe verursacht, die als das schlimmste Kirmesunglück der Nachkriegszeit gilt. Witte saß in einem Kran und hatte versucht, eines seiner Karussells auf dem Hamburger Rummel zu reparieren. Der Kran krachte in ein benachbartes Fahrgeschäft. Bei vollem Betrieb. Sieben Menschen starben, zwölf wurden schwer verletzt.

Hinterher stellte sich heraus: Der Kran war weder zugelassen noch versichert. Witte wurde wegen fahrlässiger Tötung zu einer Bewährungsstrafe verurteilt. Es gibt Hinterbliebene der Unglücksopfer, die immer noch auf Geld von ihm warten.

1991 trieben die Geschäfte Norbert Witte nach Berlin. Er übernahm vom Senat das ehemals volkseigene Vergnügungsgelände Spreepark im Berliner Osten. Witte selbst trat als Chef auf, war aber formell nur ein Mitarbeiter der Firma seiner Frau. Von Anfang an gab es Streitereien mit dem Senat. Man stritt sich um Verträge und Baugenehmigungen. Der Spreepark lief nicht besonders gut. Witte behauptete, die fehlenden Parkplätze seien schuld. Es gab ein paar eigenmächtig gefällte Bäume im Naturschutzgebiet.

Es wollte einfach nicht funktionieren. Die Leute amüsierten sich anderswo. Im Spreepark schallte die Technomusik durch den Wald, die Wagen der Achterbahn rollten leer über die Schienen. Im Herbst 2001 zeichnete sich ab, dass es für den Spreepark keine neue Saison geben würde. Seiner Bank schuldete Witte damals über 10 Millionen Euro, dem Land Berlin etwa 800.000 Euro, auch die Leasingraten für seine Fahrgeschäfte standen noch aus. Die Dinge begannen Witte über den Kopf zu wachsen.

In Südamerika schienen die Verhältnisse plötzlich angenehmer als in Deutschland. Witte packte seine Koffer und flüchtete samt Familie auf einem Schiff nach Peru. Er nahm sechs Geräte aus dem Fuhrpark mit, darunter den Fliegenden Teppich, den Jet Star und die Geisterbahn. Peru hat keinen Auslieferungsvertrag mit Deutschland abgeschlossen. In der Gerichtsverhandlung sagt Witte: „Das habe ich nicht gewusst." Man kann das glauben.

Norbert Witte kommt aus einer alten Hamburger Schaustellerfamilie. Er mag große Auftritte, vielleicht liegt das in der Familie. Sein Großvater hat sich 1913 einmal fünf Tage lang als König von Albanien ausgegeben. Später trat er in seiner Fantasieuniform in Revuen als „ehemaliger König von Albanien" auf.

Es ist ein gutes Gefühl, wichtig zu sein. Im Januar 2002 gab es plötzlich Anrufe aus Peru. Norbert Witte meldete sich am Telefon und kündigte aus seinem Exil eine Fernsehübertragung an. In der Sendung wolle er die Berliner Politiker benennen, die seine dubiosen Geschäftspraktiken gedeckt haben sollen.

Das ist dann doch nicht passiert. Die Sendung kam nie zustande. Der Mann von der Leasingfirma wartet immer noch auf sein Geld. Der Berliner Spreepark liegt verlassen da. Der Zaun rostet, das Gras wächst hoch. Zwischen den Bäumen stehen kaputte Achterbahnen, vernagelte Eisbuden und zerbeulte Plastikfiguren, sie halten durch, bis die Demontage kommt.

Witte saß nun in Peru. In Lima ist es immerzu diesig, wegen der Luftverschmutzung. Witte hatte die Fahrgeräte auf den Platz hinter einem Einkaufszentrum aufgebaut und nannte die

Anlage Luna Park. Aber die Luftfeuchtigkeit in Lima ist nicht gut für die Elektrik an den Geräten, auch Rost fraß sich durch den Lack. Peru hat Witte nicht gefallen. Er konnte kein Spanisch. „In Peru will jeder einen nur abkassieren", sagt er. Witte wollte wieder zurück nach Hause.

Dazu brauchte er Geld. Ein alter Freund aus Deutschland kam ihn besuchen. Der Freund hieß Elio, und er schlug vor, Rohgold im Gehäuse des Fliegenden Teppichs zu verstecken, um es in die Schweiz zu schmuggeln. Es tat Witte gut, sich mal wieder mit jemandem auf Deutsch zu unterhalten. Er willigte ein. Ein paar Wochen vergingen. Die Sache kam nicht zustande. Das Gold war weg, oder die Schweizer hatten andere Möglichkeiten gefunden, es zu beschaffen.

Das war der Zeitpunkt, als Norbert Witte vor der McDonalds-Filiale am Einkaufszentrum die Geldbörse gestohlen wurde. Witte stand auf dem Parkplatz und schrie herum, als plötzlich Elio, der Freund, wieder auftauchte. Elio hatte Wittes Geldbörse. Er hatte aber auch zwei üble Typen dabei, die Wittes Sohn Marcel von hinten mit einer Schusswaffe bedrohten. Elio war der Wortführer. Er erklärte Witte, dass sie jetzt Kokain im Fliegenden Teppich schmuggeln wollten. 700.000 Dollar sollte er für das Geschäft erhalten.

Witte fühlte sich nicht wohl bei der Sache. Ein paar Tage später erzählte er einem Bekannten von dem Plan. Der Bekannte nannte sich Richard. Richard antwortete nicht so, wie Witte es erwartet hatte. Stattdessen sagte er: „Das klingt gut. Ich pack noch 200 Kilo Koks dazu!" Vor Gericht erklärt Witte: „Da war ich sprachlos. Ich hab den Widerstand aufgegeben." Er sagt, er habe Angst gehabt. Die Hintermänner von

Früher trug Norbert Witte zu seinem Schnauzbart einen breitkrempigen Hut, er hatte eine Rolex am Handgelenk und zeigte keine Scheu vor den Verwerfungen, die das Leben für einen wie ihn bereithält. Jetzt fehlen Witte die Voraussetzungen für Verwegenheit, auch der Gesundheitszustand ist zu schlecht. Er sitzt mit fahlem Gesicht im Gerichtssaal. Wegen der Medikamente, die er nehmen muss, fallen ihm fast die Augen zu. Er hat mehrere Herzinfarkte erlitten.

Die Situation bietet wenig Anlass für Hoffnung. Der Fliegende Teppich ist kaputt. Wegen der Spreepark-Geschichte erwartet Witte noch ein Verfahren wegen Insolvenzverschleppung. Die Scheidung von seiner Frau zieht sich hin. Monate, die keiner braucht. Die Frau arbeitet jetzt in einer Kneipe im Berliner Bezirk Prenzlauer Berg und gibt Interviews. Sie sagt, es gebe in Peru noch ein Mädchen. Witte habe dem Mädchen ein Kind gemacht.

Norbert Witte wartet im Gerichtssaal. Ihm fallen fast die Augen zu. Ihm drohen bis zu 15 Jahre Haft.

Elio machten einen bedrohlichen Eindruck. Witte fürchtete, in ein Drogengeschäft italienscher Mafiabosse geraten zu sein. Er hatte eine Ahnung, bei der ganzen Transaktion unter die Rä der zu kommen.

Es ist seine eigene Version, die Norbert Witte erzählt. D Kriminalpolizei glaubt nicht, dass es genau so abgelaufen is Witte erzähle „eher an der Wahrheit entlang", meint d ermittelnde Beamte. Die Staatsanwältin sagt: „Ich kann Wi nichts Gegenteiliges nachweisen. Aber wir haben keiner Anhaltspunkte, dass die italienische Mafia in die Sa verstrickt ist."

Auf einem Garagengelände in Lima nahmen die Vorbe tungen ihren Lauf. Männer fuhren in Autos vor und reicl Plastiktüten mit Drogen heraus. 211 Päckchen wurden packt, sie wurden in den stählernen Hohlraum im Mas Fahrgeschäfts geschweißt. Der Transport stand unmitt bevor. Die Drogen sollten im Fliegenden Teppich auf den weg nach Holland gebracht werden. Von dort sollten s den deutschen Markt gelangen. Witte reiste voraus, er in Deutschland auf seinen Anteil warten.

Er wollte die Sache schnell hinter sich bringen. Er nicht, dass Richard, sein Bekannter, in Wahrheit ein ver Ermittler der peruanischen Drogenfahndung war. F hielt die Polizei auf dem Laufenden. Die Beamten schl Lima zu. Bei der Razzia zerlegten sie den Fliegenden noch am Hafen in alle Einzelteile. Sie nahmen fünf fest, darunter auch Wittes 23-jährigen Sohn Marcel. I derzeit in einem peruanischen Gefängnis auf seinen Polizeibeamte verhafteten Norbert Witte in Berlin.

U-BAHN-SCHUBSEN

Der junge Mann war einer Mitarbeiterin der Schnellrestaurantkette Burger King aufgefallen. Der Mann lief durch das Lokal, er redete gedankenverloren vor sich hin, stopfte hastig Essensreste in den Mund. Die Hamburger-Verkäuferin hatte ein paar Tage zuvor ein Phantombild gesehen – gesucht wurde ein Unbekannter, der einen Mann vor eine U-Bahn geschubst hatte. Und dieser Lokal-Besucher verhielt sich auffällig. Sie rief die Polizei.

Als der 23-jährige Denis P. dann auf dem Revier saß und die Beamten ihn fragten, warum er dieses sinnlose Verbrechen begangen hat, das am 11. Dezember 2001 im U-Bahnhof Kurt-Schumacher-Platz geschehen ist, reagierte Denis P. wie ein Mensch, der die Verbindung zur Außenwelt längst verloren hat. Er antwortete in zerrissenen Halbsätzen, sprach von sich selbst in der dritten Person. Er erklärte, den Bundeswehrsoldaten nur in der Fantasie vor die U-Bahn gestoßen zu haben. Als die Beamten ihm erklärten, dass die Tat in der Realität stattgefunden hat, zeigte er sich überrascht.

Nun muss sich der arbeitslose Industriemechaniker Denis P. vor dem Landgericht verantworten. Angeklagt ist er wegen versuchten Mordes an Arkadius M. Der 26-Jährige hatte in dem U-Bahnhof gewartet. Er wurde von drei Wagen überrollt, als er vor einen einfahrenden Zug geschubst wurde. Es grenzt an ein Wunder, dass M. überlebt hat. Ein halbes Jahr lag er im Koma. Seinen linken Arm hat er verloren. Jetzt sitzt er in einem Rollstuhl im Gericht, verfolgt mit wachen Augen die Fragen der Richterin, die Antworten des Angeklagten. Er selbst kann sich an die Tat nicht erinnern, sagt Arkadius M. Aber dem Täter habe er ins Gesicht blicken wollen. „Er hat mein Leben ruiniert. Ich wünsche ihm die Höchststrafe."

Denis P. ist ganz in Schwarz gekleidet. Fast unbeteiligt sitzt er auf seinem Stuhl. Die Augenlider sind schwer. Wegen der Tabletten, die er bekommt. Der Zustand seines Mandanten sei derzeit stabil, sagt sein Anwalt. Die Tat fiel in eine Phase von P.s Leben, in der seine Tage bereits zwischen Wahnvorstellungen und emotionalen Irrfahrten pendelten. „Ich fühlte mich von Deutschland kontrolliert", sagt P. vor Gericht. Er habe sein Opfer vor die U-Bahn geschubst, weil er dachte, dies sei ein Teil einer Inszenierung. Seiner Vision nach war er selbst der wiedergeborene Jesus, über dessen Leben ein Film gedreht werden sollte. Er habe nicht gedacht, dass Arkadius M. wirklich verletzt werden könnte.

Bereits im November 2001 war Denis P. auffällig geworden. In einem Moabiter Kaufhaus hatte er unversehens mit einem Messer auf ein Kleinkind eingestochen. Auch an diesem Tag hatte P. das Gefühl, er sei Teil eines größeren Ganzen, er habe Stimmen gehört: „Ich dachte, das Kind sei durch eine Puppe ersetzt worden. Ich dachte, ihm könnte nichts passieren." Das Kind kam damals mit leichten Schnittverletzungen davon.

Denis P. weiß nicht, wo die Wahnvorstellungen herkommen. Er weiß nur, dass er deswegen zuerst seinen Großvater angefallen hat. Damals habe er sich freiwillig in eine Nervenklinik begeben. Die Ärzte schickten ihn nach zwei Wochen wieder nach Hause. „Es war so, als ob man mir nicht helfen wollte", erzählte P. Er kehrte zurück in seine Wohnung in Reinickendorf.

Die Nachbarin berichtet, dass P. oft randaliert und geschrien habe. „Der Mann war verzweifelt", sagt sie. Der Staatsanwalt strebt nun die Unterbringung in einer Klinik an. Eine Aussicht, die nichts besser macht für Arkadius M. Mit hoch aufgerichtetem Kopf schaut er den Angeklagten an. Sein Vater sitzt neben ihm und weint.

HUNDE FLIEGEN NICHT

Der Schauspieler Martin Semmelrogge hat einen Hund. Sein Herz hängt an diesem Tier. Er spricht von Crazy, dem Hirtenhund, liebevoller als von seiner Frau. Das stellt auch der Richter vom Amtsgericht fest. Ganz nett wird die Stimme von Martin Semmelrogge da – geradezu lieb.

Diese Freundlichkeit fällt auf, weil der 46-jährige Schauspieler nicht gerade bekannt ist für gutes Benehmen. Im Fernsehen spielt er die rauhen Kerle. Im echten Leben stand er schon 26-mal vor Gericht. Betrunken raste er im Sportwagen durch Autobahnbaustellen, fuhr schon als Teenager immer wieder ohne Führerschein los, hat geklaut, hat rumgepöbelt, Leute beleidigt, diverse Drogendelikte angehäuft.

Nun hat er wieder ein Verfahren am Hals. Diesmal soll er am Flughafen Tegel den Angestellten der Fluggesellschaft Deutsche BA beleidigt haben, der seinen Hund nicht mitfliegen lassen wollte. „Sie Scheißausländer", soll Semmelrogge gerufen haben, „lernen Sie erst mal Deutsch!" Der Angestellte hat Anzeige wegen Beleidigung erstattet. 5.000 Euro will er als Entschädigung haben. Vor dem Amtsgericht kommt es nun zum Prozess.

Semmelrogge, der mit nervös guter Laune auf der Anklagebank sitzt, streitet alles ab. Wegen eines dringenden Termins hatte er an dem besagten Tag nach München fliegen wollen, erzählt der drahtige, kleine Mann. Sein Hund sollte als Handgepäck mit in den Passagierraum. Das Tier war jedoch zu schwer, fanden die BA-Mitarbeiter am Schalter. Fünf Kilo inklusive Transportkiste sind im Passagierraum zugelassen. Semmelrogges Hund habe jedoch 14 Kilo gewogen, sagt die BA-Angestellte H., die als Zeugin geladen war. Sie konnte Crazy nicht mitfliegen lassen. Der Schauspieler habe angefangen zu brüllen, ihren Kollegen F. angeschrien mit „Scheißausländer". Semmelrogge antwortet jetzt nur: Ja, ja – er sei an jenem Tag schon sehr wütend gewesen.

Der Richter zeigt Verständnis, macht Witzchen über bürokratische Schalterangestellte und den Angeklagten, der eben ein „sensibler Künstler" sei, „der nicht immer alles unter Kontrolle hat". So einer werde eben wütend, wenn man ihn nicht als Berühmtheit bevorzugt behandelt. Die Stimmung im Gerichtssaal ist heiter. Selbst Semmelrogge entspannt ein bisschen, streckt die Füße nach vorn. Es ist klar, dass es hier um keine große Sache geht.

Am Ende steht die gütliche Einigung. Semmelrogge zahlt 1.000 Euro Schmerzensgeld. Mit Handschlag entschuldigt er sich bei dem 28-jährigen Kläger F., sagt: „Es tut mir Leid, überhaupt brauchen wir mehr Frieden unter den Völkern" und reicht ihm einen Scheck.

F., der inzwischen seinen Beruf gewechselt hat und jetzt als Model arbeitet, zieht dafür seine Anzeige zurück. Der Richter, der nun ein bisschen ins Plaudern gekommen ist, erzählt, dass er gerade wieder eine Rolle als Fernsehrichter ausgeschlagen hat. Der Hirtenhund Crazy wartet vor dem Gerichtsgebäude im Auto.

DIE GEWÖHNUNG

Es reicht nicht aus, findet der Anwalt. „Man kann nicht sagen, Rechtsextremismus, und fertig", sagt Volkmar Schöneburg. „Das greift einfach zu kurz. Da gab es weitere Gründe, andere Motive." Der Anwalt steht auf dem Gerichtsflur. Er hat ein glattes Gesicht, seine Stirn fängt schnell an zu glänzen. Er wippt auf den Zehen, wenn er spricht, die Arme hinter dem Rücken verschränkt.

Drei Wochen macht der Anwalt das schon: sich in den Prozesspausen auf den Gerichtsflur stellen und den vielen Journalisten immer wieder Erklärungen liefern, neue Argumente. Nun läuft am Landgericht Neuruppin das Verfahren gegen die Brüder Marco und Marcel S. und ihren Freund Sebastian F. Der Verteidiger will das Beste für die Angeklagten. Das ist sein Beruf. Er stellt sich auf den Flur und redet mit den Journalisten, wirbt um Verständnis. Auch wenn es nichts nützt.

Der Prozess behandelt das, was in Potzlow, etwa 100 Kilometer nordöstlich von Berlin, geschehen ist. Den Mord an dem 16-jährigen Marinus Sch. Es geht um zwei Jugendliche und einen großen Bruder, die zusammen das Verbrechen begangen haben.

Eine Tat, die zu grausam scheint für einen stillen Ort in der Uckermark.

Dabei haben die drei Angeklagten bei der Polizei und vor Gericht alles zugegeben. Jetzt sitzen sie da und gucken an der Aufregung vorbei. Am Entsetzen in den Gesichtern hinter der Zeugenbank und den routinierten Abläufen davor. An den Zeugen, den Richtern, den Staatsanwälten, den Gutachtern, den vielen Journalisten, den Zuschauern hinten im Saal. Sie gucken auf irgendeinen weit entfernten Punkt in der Luft. Was passierte in der Nacht zum 13. Juli 2002, haben ihre Anwälte verlesen.

Sie hatten an diesem Abend zusammen gesessen, Karten gespielt und getrunken. Ein paar von den gestandenen Alkoholikern aus dem Dorf, die beiden Brüder Marco und Marcel S., 23 und 17 Jahre alt, sowie ihr Freund, der 17-jährige Sebastian F. Eine heitere Geselligkeit, Bierdosen und Schnaps auf dem Tisch. Marinus Sch. saß auch mit dabei. Ein Junge mit einem Sprachfehler, der weite Hosen trug, seine Haare waren blondiert. Anstoßen, ein Bier, ein Schnaps, noch ein Bier. Zusammen bewältigte die Runde einen langweiligen Freitagabend im Sommer.

Als einer der alten Trinker nach Hause trottete, die anderen alkoholisiert in den Stühlen hingen, nur die Jungen noch wach dasaßen, gab es plötzlich nichts mehr für eine gelungene Unterhaltung. Einer der Brüder guckte auf die Hose von Marinus und seine Frisur. „Ein anständiger Deutscher trägt so was nicht", rief er. Die anderen stimmten ein, sie selbst hatten Springerstiefel an, die Haare kurz geschoren, „Sag, dass du ein Jude bist!" Sie schlugen fest zu. Sie schlugen Marinus ins Gesicht. Sie flößten ihm ein Gemisch aus Bier und Schnaps ein. Sie prügelten, traten mit ihren Stiefeln auf ihn ein, urinierten.

Nach einer Weile schleppten sie Marinus auf das Gelände der stillgelegten Landwirtschaftlichen Produktionsgenossenschaft am Dorfrand. Sie wollten ihm „ein bisschen Angst einjagen", haben die Angeklagten zu Protokoll gegeben.

In der ehemaligen Stallanlage setzten sie die Misshandlungen fort. Sie spielten die Anfangsszene des Films „American History X" nach, den Film kannten sie alle, Marcel S. hat das zugegeben: Marinus musste in die Kante eines Futtertrogs beißen, Marcel S. sprang ihm auf den Kopf. Als das Opfer entstellt dalag, schmiss er noch einen Betonstein. Vier Stunden nach Beginn der ersten Schläge war Marinus Sch. tot. Den Leichnam versenkten die Jungs in einer Jauchegrube.

Potzlow hat knapp 600 Einwohner. Wenn alles so läuft wie immer, passiert weniger als nichts. Die Sache wäre vielleicht niemals rausgekommen. Monate gingen vorüber, die Menschen kauften ihr Brot beim Bäcker, ihr Bier beim Getränkehändler, nichts hob den Ort aus der Gewöhnlichkeit seiner Tage. Auf die Vermisstenanzeige von Marinus Eltern reagierte niemand. Die Täter hielten den Mund.

Später schlug der ältere Bruder im nahe gelegenen Prenzlau einen Asylbewerber aus Sierra Leone zusammen. Er wurde zu 3 Jahren Gefängnis verurteilt. Die Jauchegrube erwähnte Marco S. nicht. Womöglich hätte niemand jemals davon erfahren. Wenn sein jüngerer Bruder nicht angefangen hätte mit der Angeberei. Er fing an, mit dem Mord zu prahlen.

Immer mehr Freunden erzählte er davon. Es war schon November, und Marcel S. befand sich in einer betrunkenen Bierlaune, als er ein paar Jugendliche zum alten Stallgelände führte. Für 25 Euro, als Eintritt. Auf dem Gelände stocherte er in der Jauchegrube, zeigte den halb verwesten Körper vor. Er hatte eine Axt dabei, mit dieser hieb er auf die Leiche ein, brüllte herum. Keiner der Beteiligten meldete diesen Vorfall der Polizei. Vielleicht auch, weil eine Freundin der Brüder auf einem Schulhof auftauchte und einen Jugendlichen anzischte: „Wenn du was verrätst, kann dir auch so was passieren."

Man kann sich vorstellen, wie es zuging. Die Sonntage in einem Dorf in der Provinz. Wo fast jeder etwas weiß und keiner etwas sagt. Marinus' Fahrrad wurde gefunden, ein Mädchen fuhr darauf herum, auch der Rucksack des Vermissten tauchte auf. Niemand wollte sich erinnern. Aber das Geheimnis war zu groß.

Es ging herum im Ort.

Als die Gerüchte bei den ganz kleinen Kindern angekommen waren, zogen sie los. Die Kinder liefen zusammen zur alten LPG, sie hatten Stöcke dabei und eine Ahnung im Kopf. In der Jauchegrube fanden sie den Toten. Ein Kind hat die Polizei angerufen, ohne seinen Namen zu sagen.

Seit drei Wochen nun sitzen die Angeklagten schweigend und regungslos im Landgericht in Neuruppin. Die schriftlichen Geständnisse, die ihre Anwälte verlesen haben, enthalten nur ein mageres Bedauern. Marcel S. gibt an, beim Sprung auf Marinus Kopf „ein Blackout" gehabt zu haben: „Umbringen wollte ich ihn nicht." Ob das so etwas wie Reue sein soll, ist nicht zu erkennen.

„Am rechtsextremistischen Hintergrund der Tat gibt es keinen Zweifel", meint der leitende Oberstaatsanwalt Gerd Schnittcher. Die Angeklagten seien „ortsbekannte Rechtsradikale".

Marinus Sch. musste sterben, weil sie ihn für „lebensunwert" hielten. Viele Zeugen haben ausgesagt, sie haben die Vorwürfe weitgehend bestätigt. Die Staatsanwaltschaft fordert Höchststrafen.

Der Anwalt Volkmar Schöneburg verteidigt die Brüder gemeinsam mit seinem Bruder Matthias, ein weiterer Anwalt vertritt den dritten Angeklagten. Obwohl es nicht gut aussieht, hoffen sie, dass das Gericht beim Urteilsspruch auf verminderte Schuldfähigkeit erkennt. Wegen des Alkohols, den ihre Mandanten getrunken haben in der Tatnacht. Es wird nicht einfach, die Kammer zu überzeugen. In Deutschland urteilen die Richter mittlerweile streng, wenn Rechtsradikalismus im Spiel ist. Man muss andere Motive finden. Deshalb stellt sich der Anwalt von Marcel S. in den Pausen auf den Gerichtsflur. Deshalb redet er mit den Journalisten, sagt immer wieder, dass es noch andere Gründe gab.

Man kennt diese Erklärungen. Eine davon haben im Gerichtssaal die Zeugen gegeben. Ausgesagt haben ein arbeitsloser Eisenbahner, ein arbeitsloser Rinderzüchter, ein arbeitsloser Stallwirt. Die LPG wurde kurz nach der Wende abgewickelt. Seither hat Potzlow eine schöne Landschaft mit schönen Seen und keine Arbeitsplätze. Die Arbeitslosenquote in der Region liegt bei über 20 Prozent. Ein Zeuge kam angetrunken in den Gerichtssaal. Zwischen Alkoholismus, Arbeitsbeschaffungsmaßnahmen und verwalteter Untätigkeit bringen viele in Potzlow ihr Leben zu.

Dann sind da noch die überforderten Eltern. Eine arbeitslose Mutter und ein arbeitsloser Vater, die hilflos zugucken, wie ihre Söhne Hakenkreuzposter ins Zimmer hängen. Es gibt auch ein schwieriges Geschwisterverhältnis, das der Anwalt Volkmar Schöneburg anführt. Marcel S. sah demnach mit einer Mischung aus Angst und Bewunderung zu seinem Bruder auf. Er gehörte nicht immer zur rechten Szene. Er hatte Phasen, in denen er Schlaghosen trug, Technopartys besuchte und Joints rauchte. Aber jedes Mal wenn sein Bruder aus dem Gefängnis kam, rasierte Marcel sich den Kopf und zog Springerstiefel an. Weil sein Bruder das genauso tat.

Der Anwalt erklärt, Marcel S. habe sein Opfer nicht für minderwertig gehalten. Die beiden waren Kumpel, früher hatte Marcel zusammen mit Marinus Autos geklaut und Mofas repariert. Vielmehr sei der Mord eine Form der Selbstbehauptung unter Geschwistern gewesen, glaubt der Anwalt.

Hinten auf der Zuschauerbank des Gerichtssaals sitzt der Bürgermeister von Potzlow. Sein Gesicht sieht still und betroffen aus. Er weiß, dass alle diese Argumente viel sagen und nichts entschuldigen. Es bleibt das Verbrechen und seine Folgen. Die Welt guckt nun auf Potzlow und seine Bewohner wie auf ein Nest voller Ungeheuer. Sooft wie möglich versucht der Bürgermeister jetzt bei der Verhandlung in Neuruppin zu sein. Zu ihm kommen ja später wieder die Journalisten und fragen, er weiß das.

Die Journalisten, die anreisen in die Provinz. Die ankommen mit ihren Mikrofonen und Kabeln und ihren Fragen. Die ihre Beiträge abdrehen für die Abendnachrichten und am nächsten Tag in einen anderen Winkel der Welt ziehen für ein ungeheuerliches Ereignis, das noch keiner gesehen hat.

Ein Mann fällt auf, der durch die Gerichtsflure von Neuruppin läuft. Er fällt auf, weil er noch nicht so weit scheint wie die anderen Zuschauer. Er hat sich noch nicht gewöhnt an die Nähe zu diesem Verbrechen. Der Mann ist Korrespondent der zweitgrößten niederländischen Tageszeitung. Er ist an diesem Tag zum ersten Mal mit dem Fall Potzlow beschäftigt, und er kann es nicht fassen. Und dass der Niederländer nun aufgeregt durch die Gerichtsflure läuft wie kein anderer, sagt auch etwas über die schleichende Anpassung, die sich eingestellt hat. Hier im Gerichtssaal. Und im ganzen Land. Eine Gewöhnung, die angesichts der Menge und der Grausamkeit der Vorfälle kommt.

Jetzt rennt der Niederländer herum und stellt Fragen. Er spricht von Statistiken, von rechtsradikalen Gewalttaten, von Politik. Er spricht von der unfassbaren Tatsache, dass es in Deutschland Gebiete gibt, in denen Fremde um ihr Leben fürchten müssen. Er fragt mehr als alle anderen Journalisten an diesem Tag. Er fragt eine Frau, die vor dem Gerichtssaal sitzt. Sie ist Mitglied beim Mobilen Beratungsteam Brandenburg. Eine Frau, die die Welt erklärtermaßen besser machen will, indem sie mit ihrem Verein jetzt auch in Potzlow mit Jugendlichen und Sozialarbeitern Gespräche führt. Die Frau antwortet dem Journalisten, dass sie Statistiken nicht traut und dass es auch Fortschritte gibt. „Die kleinen Erfolge, die wir im Kampf gegen den Rechtsextremismus erzielen, muss man auch anerkennen", sagt sie.

Noch etwas bleibt übrig von diesen Prozesstagen in Neuruppin. Eine kleine Information. Der Anwalt Volkmar Schöneburg hat sie vorhin auf dem Gerichtsflur gegeben, obwohl sie nichts Gutes sagt über seinen Mandanten. Marcel S. hat sich in der Untersuchungshaft ein Hakenkreuz auf sein Knie tätowieren lassen, hat der Anwalt erzählt. Auf wippenden Zehen, mit einem leicht gequälten Gesichtsausdruck hat er das gesagt. Und noch einen anderen Satz: „Es könnte gut sein, dass er von den rechten Jugendlichen im Knast für den Mord an Marinus gefeiert wird."

ÜBERWACHEN BEIM STRAFEN

Carsten-Michael W. und Dieter Wo. kennen sich schon lange. Bis vor kurzem waren sie Nachbarn in einer ruhigen Wohngegend. Sie teilten sich einen Garagenvorplatz. Früher haben sie zusammen gegrillt, die Familien W. und Wo. aus Reinickendorf. Die W.s sind zu den Wo.s rüber gegangen, sie haben sich besucht, miteinander Biere getrunken und Würste gegessen. „Die Kinder haben ‚Guten Tag' gesagt", erzählt Carsten-Michael W.

Jetzt sitzt W. vor Gericht wegen Dieter Wo. Wie ein Krimineller. Aber W. hat sich auf diesen Tag vorbereitet. Er hat sich ein leichtes Sommerhemd angezogen und Jeans. Damit alle gleich sehen, wie ernst er die Sache nimmt. Zur Verteidigung hat er einen schwarzen Aktenkoffer dabei. Aus dem Koffer holt er einen Packen Papier, wo er alles aufgeschrieben hat, die Einzelheiten einer gestörten nachbarschaftlichen Beziehung. Er weiß, was er zu tun hat. Die Abläufe sind bekannt. Die beiden haben schon öfter gegeneinander Prozesse geführt. Zum Beispiel wegen der Garagenabdeckung oder den Betonplatten auf dem Vorplatz.

Diesmal geht es um die Fußmatte. Der Angeklagte soll sich am 31. Oktober 2001 auf das Grundstück von Wo. geschlichen haben. Er soll die Unterseite der Matte mit Kot beschmiert und sich wieder davongemacht haben. „Die Matte befand sich hiernach in nicht mehr gebrauchsfähigen Zustand", sagt die Anklage.

Es gibt Beweise für die Tat. Nachbar Wo. sitzt neben dem Staatsanwalt und nestelt in seinem Stoffbeutel. Er hat alles auf Video. Seit Monaten hatte er an seiner Hauswand Überwachungskameras aufgehängt. „Ich musste ja mit allem rechnen", erklärt er. Die Kameras filmten 24 Stunden am Tag. Sie sollten W. überführen.

Denn das Verhältnis ist schon seit Jahren kein gutes mehr. Dieter Wo. zählt auf: Sein Nachbar habe einen Holzpfropfen in die Dachrinne gestopft, damit das Wasser nicht abläuft. Er habe Teile des Außenkamins gestohlen, auch einen Videorecorder aus der Garage. Er habe Laub vor die Einfahrt gekehrt. Er habe die linke Blinkerkappe seines Autos abgeschraubt. Manchmal habe er mit einer Leiter gegen die Hauswand geschlagen und ins Kellerfenster gepinkelt.

W. hält dagegen. Er sagt, Dieter Wo. schlage seine Frau. Er selbst gibt nur die Sache mit der Fußmatte zu. Er habe sie indes nicht mit Kot beschmiert. Sondern mit Ton. Er zieht ein Polaroidfoto aus der Aktentasche. Wo. lässt das nicht gelten. Er hat damals eine Reinigungsfirma beauftragt. Sie hat die Fußmatte mit einem Hochdruckgerät gesäubert. „Der Mann vom Reinigungsdienst kann sich heute noch an den Geruch erinnern!", schimpft er.

Aber die Reinigungsfirma ist noch nicht alles. Dieter Wo. hat eine lange Liste gemacht, er zieht die Unterlagen zu sich heran. Er hat den Stromverbrauch seiner Videokameras ausgerechnet, das Geld für die Reinigungsfirma dazugezählt und die Kosten für einen angeblich von W. demolierten Bewegungsmelder. Jetzt will er 1.394 Euro haben von W. Der Angeklagte schnaubt und guckt aus dem Fenster.

Es hilft nichts. Die Richterin hat keinen Sinn für die Details einer sorgsam gepflegten Feindschaft, sie fällt ihr Urteil: 1.000 Euro muss der Angeklagte zahlen.

Vor kurzem ist Dieter Wo. umgezogen. „Um wieder mehr Lebensqualität zu bekommen", sagt er. Aber es ist zu spät. W. glaubt nichts mehr: „Er ist nur ausgezogen, um mir eins auszuwischen."

BORDELL ALS HOBBY

Man kann sagen, dass Hubert F. ein ausgefallenes Hobby hatte. Der Richter veranstaltete Sexpartys. Zu Hause in seiner Wohnung in Steglitz. Er hatte damit einen hübschen Nebenverdienst. Regelmäßig hat F. diese Zusammenkünfte organisiert. Er hat Inserate in den dafür vorgesehen Rubriken der Stadtmagazine geschaltet und Sekt eingekauft. Abends kamen dann die Gäste. Es waren überwiegend Männer, die an diesen Treffen teilnahmen, auch einige Pärchen kamen. Zu Beginn der Abende zahlten die Besucher 50 Euro an Hubert F. Dann legten sie im Flur die Kleider ab und bewegten sich nackt oder nur in leichter Unterwäsche durch die Räume. Man unterhielt sich, man trank Sekt, man rauchte im Schein der Kerzenleuchter, hörte Musik. Eine sehr entspannte Atmosphäre. Für sexuelle Ausschweifungen stand ein Zimmer mit einem Matratzenlager bereit und eines mit einem großen Bett. Kurzum, es war eine schöne Zeit für Hubert F.: Er hatte Geld, er hatte einen angesehenen Beruf als Richter, sein Privatleben füllte ihn aus. Wie ein breiter, ruhiger Fluss lief das Leben dahin. Zuletzt arbeitete F. nur noch einmal die Woche am Amtsgericht Brandenburg. Ansonsten war er mit seinem Hobby beschäftigt: Dienstags, donnerstags und samstags fanden die Sexpartys statt.

Jetzt ist der 43-jährige Richter Hubert F. vor dem Berliner Landgericht angeklagt. Zuhälterei, sexuelle Nötigung, gefährliche Körperverletzung und Verstoß gegen das Ausländergesetz werden ihm vorgeworfen. In einem dunklen Anzug und gemusterter Krawatte sitzt der hoch gewachsene, blasse Mann im Gerichtssaal. Er bemüht sich um eine aufrechte Haltung. Wegen der ganzen Sache wurde F. vom Dienst suspendiert. Angezeigt hat ihn seine Exfreundin, die Slowakin Lydia S.

Sie war 19 Jahre alt damals und Hubert F. soll geduldet haben, dass sie in seiner Wohnung von Partygästen missbraucht wurde. Lydia S. ist heute 22 und sie hat der Polizei erzählt, dass sie von mindestens neun Besuchern sexuelle Handlungen ertragen musste. Von dem Richter habe sie dafür nur ein Taschengeld in Höhe von 100 Euro bekommen, sie konnte nicht fliehen, weil F. ihren Pass einkassiert hatte. Wenn F. bei den Sexpartys Lydias Schreie hörte, heißt es in der Anklage, habe er nur gelächelt und die Musik lauter gestellt.

Auch um eine zweite Frau geht es. Eine Polin. Hubert F. hatte sie ursprünglich als Putzfrau engagiert. Später zahlte er ihr täglich 50 Euro. Dafür sollte sie in seiner Wohnung erotische Massagen anbieten. F. selbst habe währenddessen im Nebenzimmer gesessen, erklärt die Frau bei ihrer Zeugenaussage. „Mein Tagessatz war immer 50 Euro, egal wie viele Kunden kamen."

Hubert F. ist kein Mensch, der sich für sein Sexualleben schämt. Drei Wochen läuft die Verhandlung nun schon gegen ihn. Viele Partygäste haben ausgesagt, ein Krankenpfleger, ein Lehrer, ein Taxifahrer. Auch ein Brandenburger Bürgermeister soll regelmäßig die Veranstaltungen in der Steglitzer Wohnung besucht haben. An einem Prozesstag wurde ein braun gebrannter Busfahrer auf dem Gerichtsflur verhaftet, weil er an den Misshandlungen beteiligt gewesen sein soll. Im Saal selbst wurde viel über Sexualpraktiken geredet, über Pornovideos und Partnertausch. Stets blieb der Angeklagte selbstsicher. Er behielt eine feste Stimme, kein Abgleiten in Verlegenheit.

Es ist eine demonstrative Gelassenheit, mit der sich Hubert F. wehrt. Ein aggressiver Gleichmut gegen all die Boulevardzeitungsleser, die sich am nächsten Tag über ihn erheben werden. Gegen die kichernden Zuschauer im Gerichtssaal. Und die ganze Strebsamkeit überhaupt in der Gesellschaft. Hubert F. sitzt neben seinem Anwalt, er drückt den Rücken durch, sein Anzug hält ihn gerade. Er erklärt, er habe Lydia S. auf einer Sexparty kennen gelernt. Ihre „sexuelle Unersättlichkeit" habe er gemocht. Er lächelt in die Kameras der Reporter. Er sagt: „Ich gehe nur montags arbeiten", oder: „Ich bin Richter, aber auch nur ein Mensch." Einmal hebt er die Hände und meint: „Ich mag nun mal keinen Blümchensex. Ich bin extravagant." Und nicht selten scheint es, als wolle F. den Zuhörern mit seinen vielen Sätzen etwas beweisen – allen vorneweg seinen Richterkollegen. Als wollte er ihnen zeigen, dass er das ganze Aufsehen um seine Person gerne erträgt. Als Preis, den einer zahlen muss für ein besseres, wildes Leben. Wenn Hubert F. ausgeredet hat, faltet er die Hände. Ein überlegenes Schweigen.

Kurz nach ihrem Kennenlernen war die Kellnerin Lydia S. zu ihm gezogen. Aus Liebe, so stellt F. es dar. Sie putzte, sie kochte. Wenn sie Sexpartys veranstalteten, war sie an manchen Abenden als Frau allein mit acht Männern. Er habe die Partys nur wegen ihr so oft veranstaltet, erklärt Hubert F. Sie habe das Geld gebraucht. Und die Schreie, um die es in der Anklage geht, seien Lustschreie gewesen.

Vielleicht hat er Recht. Die als Zeugen geladenen Partygäste geben sich Mühe, das Besondere, das über ein Jahr lang in der Steglitzer Wohnung geschah, normal erscheinen zu lassen. „Sicherlich wurde eine Frau an einer Hundeleine zur Tür gebracht, um die Gäste zu begrüßen", erklärt der festgenommene Busfahrer schulterzuckend dem Gericht. Und sicherlich sei auch ein Gerät, das Frauenärzte benutzen, zum Einsatz gekommen. Aber dass Lydia S. an eine Heizung gefesselt wurde, wie es die Anklage behauptet, daran kann er sich nicht erinnern. „Alles fand immer im Einvernehmen aller Beteiligten statt." Der einzige Fehler, den der Gastgeber begangen habe, sei gewesen, „sich in diese Frau zu verlieben".

Auch die Verteidigung tut, was sie kann. Das Opfer zu kriminalisieren ist eine bei Sexualdelikten bewährte Methode. Demnach ist Lydia S. eine maßlose Person (Hubert F.: „Sie brauchte sechsmal Sex am Tag. Die konnte gar nicht genug Männer bekommen"). Menschen sind auf ihrem Raubzug durchs Leben nur ein Zeitvertreib mit der Aussicht auf finanziellen Gewinn (F.: „Alles, was unter 40 war, war für sie Beute. Ihr gefiel es, Sex mit mehreren Männern zu haben. Und sie bekam auch noch Geld dafür").

F.s Rechtsanwalt hat einen Privatdetektiv engagiert, der im Familienleben von Lydia S. umherstöbert. Der Detektiv will herausgefunden haben, dass der Vater von Lydia S. ein aufbrausender Alkoholiker ist. Sie selbst soll ebenfalls Cholerikerin sein und im Streit mit Gegenständen um sich werfen. Bei ihrer inzwischen geschlossenen Ehe mit einem Sportlehrer soll es sich um eine Scheinehe handeln. Der Rechtsanwalt sagt, ihre Anzeige gegen Hubert F. sei eine Racheaktion gegen seinen

Mandanten. Sie habe nach ihrem Auszug aus der Wohnung von ihm Geld verlangt. Hubert F. habe nicht bezahlt.

Tatsächlich war es der Sportlehrer, der Lydia S. bestärkt hat, zur Polizei zu gehen. Die beiden hatten sich an einem der vielen freizügigen Abende in Steglitz kennen gelernt. Sie haben sich verliebt und kurz darauf geheiratet. Als Ehemann findet er jetzt: „Dreimal in der Woche solche Treffen, das sind keine Swinger-Partys, das ist ein Bordell."

Man kann nicht sagen, ob das stimmt. Der Angeklagte Hubert F. müht sich, zu beweisen, dass Lydia S. mit ihrem neuen Mann Unrecht hat. Er versucht zu zeigen, dass er die Partys nicht als Geschäft betrieben hat. Zu Hause hat er Listen angelegt. Jetzt stellt er sich im Gerichtssaal hin und verliest Aufstellungen über das Geld, das er ausgegeben hat in der Zeit. Wie teuer die Aldi-Sektflaschen waren, die Pappbecher, die Chips und die Kondome. Er rechnet peinlich genau vor, wie viel die Schminke von Lydia S. gekostet hat und ihr Duschgel. Und mit dieser detaillierten Bilanz fällt die ganze schöne Großzügigkeit des Richters Hubert F. doch sehr in sich zusammen. Ein Vorgang von leiser Dramatik. Es geht nicht mehr um sexuelle Befreiung oder um Zwang, nicht um Nötigung oder um Liebe. Es ist nur das Ende einer Beziehung, das daliegt. Die Zeit, wenn Schlussstriche gezogen und Armeen aufgefahren werden.

FÄUSTE GEGEN FÖRMLICHKEITEN

Er stand allein auf einer Straße. Irgendwo im Berliner Winter. Es war dunkel und kalt, und er war schon ziemlich betrunken von dieser langen, alkoholreichen Nacht, als den ehemaligen Boxweltmeister plötzlich ein unbändiges Schlafbedürfnis überfiel. Wenig später erreichte die Polizei der Anruf einer hilflosen Frau aus Steglitz. Ein fremder Mann sitze auf dem Beifahrersitz ihres Wagens. Er wolle nicht aussteigen. Einfach so sitze der Mann da und schlafe. Wie er dahingekommen ist, konnte sie nicht sagen. Die Polizei schickte einen Streifenwagen los.

In der Verhandlung vor dem Amtsgericht sagt der 38-jährige Boxer Graciano Rocchigiani nun, dass es ihm Leid tut. Die Sache mit dem Auto und alles, was danach geschah. „Ich weiß nicht, was passiert ist, ich hab da einen Filmriss", sagt er. Der Boxer zieht sein Gesicht breit, guckt ein bisschen reuevoll und traurig. Er weiß, dass es besser ist, jetzt so zu gucken. Es geht um viel.

Graciano „Rocky" Rocchigiani hat einen Polizisten mit der Faust ins Gesicht geschlagen und eine Polizeibeamtin beleidigt. Angeklagt ist er wegen fahrlässigem Vollrausch. Mit bis zu fünf Jahren Gefängnis kann das geahndet werden. Die fünf Jahre könnten zu der einjährigen Haftstrafe dazukommen, die er schon in der Justizvollzugsanstalt Tegel verbüßt.

Dabei ist für Rocchigiani jetzt wirklich nicht die Zeit, um im Gefängnis zu sitzen. Kürzlich hat ihm ein New Yorker Gericht mehr als 30,3 Millionen Euro Schadensersatz zugesprochen. Rocchigiani hatte gegen den Boxweltverband geklagt, der ihm seinen 1998 gewonnenen Weltmeistertitel im Halbschwergewicht nachträglich aberkannt hatte. Rocky ist nach New York geflogen. Er hat den Prozess gewonnen. Er will jetzt weiter trainieren. Er will boxen. Er hat Geld und eine neue Freundin. Er will nicht im Gefängnis versauern.

Den Polizeibeamten kam der schlafende Mann im Auto an jenem 16. Dezember bekannt vor. Rocchigiani gehört zu den großen Boxern der Welt. Er steht häufig in der Zeitung, nicht nur wegen seiner sportlichen Leistungen. Auch wegen anderer Geschichten. Wegen der Scheidung von seiner Frau. Weil er einen Hausmeister verprügelt hat. Er ist ohne Führerschein losgefahren, er hat seinen Mercedes betrunken in einen Straßengraben gesetzt. Solche Sachen.

Und es ist ja nicht so, dass man in diesem Land seine Prominenten nicht ehrt. „Wir wollten Rocky eigentlich nach Hause fahren", erklärte einer der Polizisten der Richterin. Der Boxer habe aber unbedingt in dem Wagen weiterschlafen wollen. Er wollte einfach sitzen bleiben. Es kam zu einem Handgemenge. Rocky schlug dem Beamten aufs Nasenbein, die Kollegin beschimpfte er als „Mistfotze". Ein Verhalten, das Folgen nach sich ziehen musste.

Auch Rocchigiani hat das erkannt. Bereits kurz nach der Tat ist er auf die Polizeiwache gegangen und hat sich entschuldigt. Genutzt hat es nichts. „Ich bin schockiert, dass ich für meine Freundlichkeit die Faust ins Gesicht bekomme", meint der Polizist im Prozess. Er ist ein selbstbewusster Beamter. Es tut gut, einer Berühmtheit die Meinung zu sagen.

Rocchigiani argumentiert dagegen mit seinem Rauschzustand. Er setzt ein zerknittertes Gesicht auf und erzählte, er sei an jenem Tag auf einer Boxveranstaltung gewesen. Sein Rivale Dariusz Michalczewski hatte im Ring gestanden. Danach hätte er gemeinsam mit Freunden Bier und Whisky-Cola getrunken: „Es war wohl zu viel."

Die Richterin hat Verständnis. Sie verurteilt Rocchigiani zu vier Monaten auf Bewährung. Dem verletzten Polizisten muss er ein Schmerzensgeld von 1.500 Euro bezahlen. In der Urteilsbegründung heißt es, der Boxer sei damals in einer schwierigen persönlichen Lebenssituation gewesen. Rocchigianis Freundin sitzt hinten im Zuschauerraum. Sie streicht sich die blonden Haare glatt und holt Luft.

RACHE MIT TÖRTCHEN

Karsten Sch. hat Erpresserbriefe an die Firma Nestlé geschrieben. „Hallo, Ihr habt mich lange genug ausgebeutet!", und „Hallo, Ihr denkt wohl, ich bin doof!" stand in den Briefen, dazu die Forderung nach 100.000 Mark. Ansonsten, drohte Karsten Sch., wolle er Lebensmittel des Konzerns im Supermarkt vergiften.

Sch. hat sich Mühe gegeben. Er hat Buchstaben aus Telefonbüchern ausgeschnitten, aus den Schnipseln Sätze zusammengeklebt und zuletzt mit dem Namen Schnittchen unterschrieben. Die fertigen Umschläge steckte er in Tempelhof in den Briefkasten. Nun beginnt vor dem Landgericht Berlin der Prozess gegen den 35-jährigen Fahrdienstleiter der Berliner S-Bahn.

Karsten Sch. ist ein großer Mann, der schwer an seinem Körper trägt. Seine Haare sind lang und fransig, im Gesicht hat er einen Schnauzbart. Er sieht nicht aus, wie man sich ein Schnittchen vorstellt.

Aber Karsten Sch. wollte das auch nie sein, erklärt er mürrisch der Richterin. Genauso wenig war er an den 100.000 Mark interessiert. Er habe das alles gemacht, um seine Frau und seinen Sohn wiederzugewinnen, die ihm im vorangegangenen Sommer davongelaufen waren. Der Name Schnittchen war eine falsche Spur. So hieß der neue Freund seiner Frau, ein

Angestellter der Firma Nestlé. „Ich wollte ihn aus dem Weg schaffen", meint Sch.

Er überließ nichts dem Zufall. Auf die Umschläge der Erpresserbriefe klebte Karsten Sch. wie versehentlich Name und Adresse des Konkurrenten. Tatsächlich verhaftete die Polizei Oliver L., Spitzname Schnittchen, dann auch kurz darauf. Nach wenigen Stunden wurde L. indes wieder freigelassen, ihm konnte keine Schuld nachgewiesen werden.

Karsten Sch. gab trotzdem nicht auf. Um den Verdacht gegen L. zu erhärten, füllte er Rattengift in zwei Packungen mit Nestlé-Schokolade und deponierte diese im Regal einer Reichelt-Filiale. Wenige Tage später präparierte er eine Packung Törtchen mit Nitroverdünnung und legte diese ebenfalls in einem Supermarkt ab. Dazu schickte er weitere Drohbriefe. Wie immer unterschrieb er mit Schnittchen.

Der Richterin erzählt Karsten Sch., seine Frau habe damals von den Aktionen gewusst. Sie hatte zu ihm zurückkehren wollen.

Die zierliche Kerstin Sch., die vor dem Gerichtssaal auf ihre Zeugenvernehmung wartet, sagt jedoch, das sei gelogen. Der Staatsanwalt glaubt nicht daran, dass Karsten Sch. die 100.000 Mark nicht wollte. Kurz vor den Erpressungen soll der Angeklagte in Scheckkartenbetrügereien verwickelt gewesen sein. Und auch die Richterin hält Karsten Sch. für schuldig. Sie verurteilt ihn zu fünf Jahren und sechs Monaten Gefängnis.

Nach der Urteilsverkündung lässt sich Karsten Sch. langsam auf seinen Stuhl fallen. Er mag bisweilen eine gewisse Schwerfälligkeit in sich tragen, aber dieses Urteil lässt er nicht auf sich sitzen. Er ist nicht Nelson Mandela, er ist nicht die

Menschenrechtskonvention, aber er will die Sache jetzt durchkämpfen. Karsten Sch. pustet sich verächtlich die Haare aus dem Gesicht.

Tatsächlich zieht Karsten Sch. bis vor den Bundesgerichtshof mit seinem Fall. Es dauert, weitere Termine vor Gericht werden anberaumt, der Anwalt schreibt Rechnungen. Ein Jahr später gibt es ein neues Urteil vom Bundesgerichtshof: Karsten Sch. erhält eine Gefängnisstrafe von vier Jahren und acht Monaten.

HERR K. HIELT STILL

Diesmal erholte sich der Ehemann nicht mehr. Klaus K. hatte genug Schläge bekommen. Im Alter von 65 Jahren fiel der zierliche Mann auf die Kacheln des Badezimmers und starb. Seine Frau wartete ab. Erst am Nachmittag des nächsten Tages rief sie ihre Tochter an. „Papa ist tot", sagte sie nervös. Die 42-jährige Ramona K. fand ihren Vater dann im Flur der Wohnung. Die Leiche steckte in einem Schlafanzug, sie war mit Verletzungen übersät.

Über 40 Jahre war das Ehepaar K. verheiratet. Jetzt ist die 63-jährige Hausfrau Gisela K. vor dem Landgericht angeklagt. Wegen Mordes. Geduckt sitzt die ganz in Schwarz gekleidete Frau im Saal, sie weint in ein Papiertaschentuch. Um den Hals trägt sie eine goldene Kette mit Kreuz. Immer wieder soll sie ihren Mann geschlagen haben. Mit der Bratpfanne, dem Nudelholz, dem Kochlöffel. Klaus K. wehrte sich nicht. Er hielt still. Das letzte Mal hieb Gisela K. mit einem Fleischklopfer aus Metall, mit einem Telefonhörer und einem heißen Bügeleisen auf ihn ein, sagt der Staatsanwalt. „Die Angeschuldigte handelte aus Verachtung gegenüber dem von ihr in jeder Hinsicht als unterlegen angesehenen Ehemann und mit dem Willen, ihn körperlich zu vernichten." Gisela K. schweigt zu diesen Vorwürfen. Sie weint. Es sieht ein bisschen so aus, als tue sie sich selber Leid.

Schon als die Polizeibeamten Gisela K. festgenommen hatten, sie in den Streifenwagen luden und mitnahmen aufs Revier, gab sie an, sie hätte nichts getan. In einem Brief an ihre Schwester schrieb sie, ihr Mann habe sich den Schädel selbst zertrümmert und sei ins heiße Bügeleisen gefallen. Eine Behauptung, die nicht wahr sein kann, meint der Staatsanwalt. Klaus K. sei mit Rippenbrüchen und Schlagwunden „übel zugerichtet" gewesen.

Ein kleiner, gebückt laufender Mann, so beschreiben Nachbarn Klaus K. Oft trug er Schwellungen, Blutergüsse, Wunden im Gesicht und an den Armen, sagen sie. Früher war K. Möbelpacker. Er hatte schwere Schränke und Klaviere gestemmt. Bis er wegen einer Krankheit seinen Beruf aufgeben musste. Als Rentner wurde er immer dünner und kraftloser. Oft gab es mit seiner Frau Streit, weil er nicht essen wollte. Die Nachbarn hörten das Geschrei durch die Wände.

Ganze Vormittage saß Herr K. im Keller, erzählt ein Nachbar. Vermutlich, weil er in der Wohnung störte. Im Keller hockte sich K. auf eine alte Matratze und rauchte heimlich Zigaretten. Ein gemäßigter Rückzug, eine leise Form des Protests. Er saß da, zündete sich eine Zigarette an und noch eine, genoss die Friedfertigkeit der Umgebung. Oft löste er Kreuzworträtsel, manchmal hörte er nur auf die Geräusche im Dunklen. Damit seine Frau dieser Gewohnheit nicht auf die Schliche kam, zweigte K. regelmäßig 2,40 Euro für billigen Tabak von seinem knapp bemessenen Taschengeld ab. Das Päckchen versteckte er im Briefkasten. Er rauchte und schwieg. Vielleicht liegt darin die besondere Tragik von Herrn K.

Denn oben in der Wohnung gab es kein Entkommen aus der Ehe. Gisela K. schlug ihren Mann nicht nur mit diversen Küchengeräten. Sie warf ihrem Mann vor, dass er getrunken habe, sie sagte, er habe gestohlen, sie beklagte sich, dass er über den frisch gesaugten Teppich gelaufen sei. Daneben verfügte sie über ein umfangreiches Instrumentarium der Kontrolle. Sie verwaltete das Geld, sie schrieb seine Briefe. Wenn Gisela K. ihren Mann zum Einkaufen schickte, musste Klaus K. im Laden zuerst die Preise erfragen, sich bei ihr zu Hause die Erlaubnis zum Kauf abholen und dann noch einmal loslaufen. Manchmal diktierte Gisela K. ihm auch Anweisungen auf ein Diktiergerät. Warum sie Klaus K. überwachte, hat sie der Polizei erzählt: „Ich kam aus gutem Hause, er nicht. Ich konnte mit Geld umgehen, er nicht."

Tatsächlich hat Klaus K. gelegentlich in Drogeriemärkten und Kaufhäusern Gegenstände entwendet. Weil das Geld, das seine Frau ihm zuteilte, nicht reichte. Oft stahl er kleine Geschenke: Kosmetikartikel, Kaffee oder Süßigkeiten. „Frauchen sagte, dass sie das immer einmal gern haben wollte", erzählte er den Polizisten, als er einmal mit einem Dauerwellenmittel in der Tasche erwischt wurde. Er machte einen ziemlich verängstigten Eindruck. Es kam vor, dass Gisela K. ihn tagelang nicht in die Wohnung ließ, wenn sie von den Diebstählen erfuhr.

Die Nachbarn hatten Gisela K. seit Jahren nicht mehr gesehen. Sie lebte zurückgezogen und verließ die Wohnung nicht mehr, sie war scheu, sie ging einfach nicht mehr nach draußen.

Aber gehört haben Nachbarn Gisela K. oft. Das Geschrei drang durch die Wände, ins Treppenhaus, ein unablässiges Gezeter. Von Klaus K. vernahmen die Nachbarn nur ein Wimmern.

Immer wieder haben sie versucht, ihm zu helfen. Sie haben geklingelt, wenn es wieder laut wurde in der Wohnung nebenan. Sie haben Herrn K. angesprochen im Treppenhaus. Aber K. war keiner, der private Angelegenheiten nach draußen trug. Er schämte sich und er verteidigte seine Frau. „Er sagte, sie sei psychisch krank und habe Angst vor anderen Menschen", erzählt ein Nachbar.

Klaus K. hat seine Frau geliebt. „Er hat sie vergöttert", sagen die Verwandten sogar. Auf dem Hochzeitsfoto von 1960 sieht die Ehe der K.s tatsächlich aus wie ein schönes Glück. Er mit einer kühnen Tolle im Haar, sie in einem weißen Petticoat. Ein Kleid, das von großer Zuversicht kündet, so wie es absteht. Das mit den Schlägen fing erst viel später an. Da waren die beiden Kinder bereits erwachsen, da war seine Frau schon einmal durchgebrannt mit einem hübschen Italiener und da war sie längst wieder zurückgekehrt zu ihm. Im Jahr 2000 hat Klaus K. ihr ein Auto gekauft. Er hat ihr Pralinen geklaut. Er hat sich nicht gewehrt, wenn sie ihn geschlagen hat. Es hat nichts genutzt. Die Fallen zwischen zwei Menschen waren gestellt, die Gruben gegraben. Je mehr Klaus K. ertrug, desto drastischer wurden die Verletzungen.

„Das ganze Leben hat man sich nichts zu Schulden kommen lassen und jetzt wachsen einem die Probleme über den Kopf", erzählte Klaus K. einmal Polizisten, die ihn wegen eines Ladendiebstahls verhörten. Die Zuversicht ließ sich nicht aufrecht halten, für einen Ausstieg aus der Ehe fehlte Klaus K. die Entschlossenheit. Oft, sagen die Anwohner, stand Herr K. stundenlang verloren auf dem Gehsteig und schaute in die Luft. Eine seltsam fahle Erschöpfung.

Nur einmal wagte Klaus K. ein Aufbegehren. Der Rentner wurde in einem Supermarkt beim Klauen erwischt. Klaus K. weinte, er bat die Polizisten, seiner Frau nichts davon zu erzählen. Sie würde ihn ansonsten zu Tode prügeln, flehte K. verzweifelt. Die Polizisten sahen die Narben am Rücken. Sie haben ihm geglaubt. Sie haben eine Strafanzeige gegen Gisela K. aufgenommen.

Doch als sei Klaus K. plötzlich von seinem eigenen Mut überrascht, lief er einen Tag später zur Polizei und zog diese wieder zurück.

Nach seinem Tod haben Polizisten einen Brief gefunden. Darin schreibt Gisela K.: „Ich kann ohne meinen Klaus nicht leben. Trotz seiner vielen Fehler." Das Berliner Landgericht verurteilt Gisela K. zu neun Jahren Gefängnis. „Ihre Unfähigkeit zu lieben und eine zunehmende Sprachlosigkeit seien durch mehr und mehr körperliche Gewalt ausgeglichen worden", formuliert es die Richterin in der Urteilsbegründung. Die Grenze war erst mit dem Tod erreicht.

CYBERSEX AUF MOTORHAUBE

Der 33-jährige Dirk B. gehört zu den Menschen, die ihre sexuellen Kontakte mit Hilfe der neuen Kommunikationstechnologien organisieren. Nach Feierabend chattet der diplomierte Ingenieur der Luft- und Raumfahrttechnik im Internet. Die Chatrooms, die er besucht, seien darauf ausgerichtet, sexuelle Verbindungen zwischen den Gesprächspartnern herzustellen, erklärt Dirk B. dem Richter. Nun wird B. vor dem Landgericht der Prozess gemacht. Der Vorwurf der Staatsanwaltschaft wiegt schwer: Dirk B. soll eine Frau, die er im Internet kennen gelernt hat, auf einer Fahrt von Neuenhagen nach Berlin auf der Kühlerhaube seines Autos vergewaltigt haben.

Dirk B. bestreitet, dass es so gewesen ist. Um seine Seriosität zu unterstreichen, ist er in einem gepflegten grauen Anzug zur Verhandlung erschienen. Sein Gesicht trägt glatte, jungenhafte Züge. Auf Fragen antwortet er schnell und in einem geschäftsmäßigen Tonfall. Bis zu seiner Verhaftung war Dirk B. im Vorstand einer Venture-Capital-Beteiligungsgesellschaft tätig, in einem jener Betriebe der New Economy, die ihre Mitarbeiter in Anteilen bezahlen. Als es der Firma finanziell schlechter ging, arbeitete Dirk B. dort ohne Lohn weiter. Er fährt einen BMW aus der 5er-Reihe, sein Vater hat den Wagen bezahlt.

Mit diesem Auto hat Dirk B. auch die 21-jährige Zeugin Ricarda B. von ihrer Wohnung in Neuenhagen abgeholt. Die beiden hatten sich zuvor beim Chatten im Internet als „Butterfly" und „Gwyndon" kennen gelernt. Dem Treffen waren lange, sehr intime Telefongespräche vorangegangen, sagt Dirk B. Ricarda B. sollte die Nacht bei ihm verbringen. So hatten die beiden es ausgemacht.

Um den Verlauf der Ereignisse vor Gericht genau wiederzugeben, hat sich Dirk B. vor der Verhandlung Notizen gemacht. Auf der Autofahrt gab sich Ricarda B „frivol", meint er nun, „was mir sehr gefallen hat". Bald habe man sich zu „spontanem Sex" entschieden. Dirk B. lenkte den Wagen in Marzahn in eine Seitenstraße, stoppte vor einem freien Feld. Dort sei es „zum Verkehr auf der Motorhaube" gekommen. „Absolut einvernehmlich", wie Dirk B. immer wieder betont.

Auch was das Geschehen danach betrifft, ist er sich keiner Schuld bewusst. Man sei gemeinsam zu einer McDonalds-Filiale gefahren. Auf dem Weg habe Dirk B. allerdings gemerkt, dass er mit Ricarda B. bis auf das Sexuelle wenige Gemeinsamkeiten habe. Sie trinke und rauche regelmäßig, Angewohnheiten, die er nicht besonders schätzt, wie er sagt. Um die Frau nicht mit nach Hause nehmen zu müssen und „um die Situation möglichst unkompliziert zu lösen", schickte er Ricarda B. mit einer Bestellung für ein Paket Chicken McNuggets in das Schnellrestaurant. Kaum hat sie sein Auto verlassen, fuhr er davon.

Auf dem Nachhauseweg habe er sich per SMS bei Ricarda B. entschuldigt. So fasst Dirk B. im Gerichtssaal seine Sicht der Dinge zusammen. Sie habe ihm mit einer SMS geantwortet, ihn beschimpft und mit ihren Kontakten zum „dunklen Milieu" gedroht.

Ricarda B. hat der Polizei eine andere Version erzählt: Sie habe in jener Nacht keinen Geschlechtsverkehr gewollt. Sie habe sich gewehrt und mit ihrem Ring den Autolack zerkratzt. Der Beschuldigte meint, Ricarda B. habe ihn aus Rache angezeigt. Weil sie mehr von ihm wollte als er von ihr.

Es ist schwer zu entscheiden, ob Dirk B. die Wahrheit sagt. Das vermeintliche Opfer Ricarda B. ist zu der Verhandlung nicht erschienen. Telefonisch sei Frau B. nicht erreichbar, sagt der Richter. Es ist gut für Dirk B., wenn die Hauptbelastungszeugin fehlt. Weil im Zweifel für den Angeklagten entschieden wird. Dirk B. weiß das. Seine Schultern entspannen sich, er wirkt nicht besonders sympathisch.

Sein Anwalt nutzt die Situation. Er fängt an, zu lästern. Er meint, die Zeugin Ricarda B. trete inzwischen wieder in einem „Love-Chat" im Internet auf, diesmal unter dem Tarnnamen „Klosterschülerin". Es ist keiner da, der dem Anwalt widerspricht. Ricarda B. hat sich zurückgezogen. Zu den anberaumten Verhandlungsterminen vor Gericht kommt sie nicht. Aus Mangel an Beweisen spricht der Richter Dirk B. am 4. Juli 2002 frei.

MIT HASCHISCH
AUF MANDANTENSUCHE

Der schwungvolle Handel mit Rauschgift, Waffen, Schnaps und allerlei anderen kriminellen Luxusgütern gehört zum Alltag im Gefängnis. Ein lästiges Übel für den Staat, der dadurch seine Autorität mit schöner Beständigkeit untergraben sieht. Gleichzeitig sichert dieses krisensichere Geschäft vielen Menschen ein lukratives Einkommen, weswegen diese kleinkapitalistischen Unternehmungen in der Parallelwelt der Haftanstalten – allen regelmäßig bekundeten Strafandrohungen zum Trotz – munter weiter blühen und gedeihen.

Nur selten kommen einzelne Vergehen ans Licht – Delikte beispielsweise, wie sie der Rechtsanwalt Karl Sch. begangen hat. Am 13. August 2001 haben ihn die Sicherheitsbeamten im Besucherzimmer der Justizvollzugsanstalt Tegel erwischt. Sch. trug drei Plastiktüten bei sich. Darin steckten große Platten aus gepresstem Haschisch, die der Rechtsanwalt für einen Häftling mitgebracht hatte. Sch. hatte sich von diesem Schmuggel neue Mandate für seine müde dahin wirtschaftende Kanzlei erhofft. Bei seiner Vernehmung gestand der kleine, schmächtige Mann zerknittert, auch vorher schon viermal Haschisch in das Männergefängnis geschleust zu haben. Nun wird dem 40-jährigen Karl Sch. vor dem Landgericht der Prozess gemacht.

Ein schnelles, schmerzfreies Verfahren. Die Solidarität unter Juristen kann bisweilen zu warmem Wohlwollen anwachsen, wenn ein ehemaliger Kollege auf der Anklagebank sitzt. So als lasse das Scheitern des anderen den eigenen Erfolg ein bisschen heller strahlen.

Mehrere Anwälte haben auf den Zuschauerrängen im Gerichtssaal Platz genommen, die Fragen des Richters sind mitfühlend, das Urteil folgt kurz und knapp: zwei Jahre Bewährungsstrafe für den Rechtsanwalt. Nicht nur seine Reue habe das Gericht milde gestimmt, sondern auch die deprimierende Arbeitssituation, die den Rechtsanwalt überhaupt erst in den Nebenberuf des Haschisch-Schmugglers getrieben hatte.

Tatsächlich hat Karl Sch. bisher kein großes Glück gehabt im Leben. Die Bundeswehr blieb ihm zum Beispiel allein wegen seiner auffallenden Zierlichkeit erspart. „Gewogen und für zu leicht befunden", meint der Angeklagte leise zum Richter. Er sagt es so, als könne diese Schwäche sein gesamtes Dasein erklären. Die Eltern hatten auf ein Jurastudium bestanden. Ohne große Freude hatte er die Ausbildung in Berlin absolviert, seine Lizenz als Rechtsanwalt erworben und war in einem Büro der Mieterberatung gelandet. Die Geschäfte liefen schlecht. Bald musste Sch. seine Kanzlei in seine Charlottenburger Wohnung verlegen. Zeitweise lebte er von dem Mandat eines einzigen Klienten, dem Gefängnisinsassen H. Und dieser war es auch, der Karl Sch. schließlich zum Haschisch-Schmuggel überredete.

Alles schien plötzlich wunderbar einfach. Ein Bekannter von H. lieferte die Ware in einem Briefumschlag in die Wohnung des Anwalts. Der musste das als „Kraftfutter" getarnte

Haschisch bei seinen Besuchen in Tegel nur verteilen, als Gegenleistung bekam er neue Klienten versprochen. Als Anwalt kam er ohne Kontrolle in das Gefängnis. Und natürlich hatte Sch. nicht damit gerechnet, dass ein anonymer Hinweis das ganze Geschäft auffliegen lassen würde. Sch. selbst habe nichts von dem Haschisch konsumiert, versichert sein Verteidiger.

Nach der Urteilsverkündung schüttelt Karl Sch. dem Richter die Hand und sagte vor Dankbarkeit triefende Sätze: „Ich habe eine große Dummheit getan. Wegen meiner schlechten finanziellen Lage war ich verführbar." Sein feingliedriger Körper füllt das karierte Jackett kaum aus, das er sich für diesen wichtigen Tag angezogen hat. Die Anwaltslizenz hat Sch. längst freiwillig zurückgegeben, er arbeitet nun als Angestellter in einem der zahlreichen Call-Center dieser Stadt.

DAS SCHICKSAL UND DER BÖSE WOLF

Ein dummer Zufall. Eine routinemäßige Verkehrskontrolle, nichts weiter. Hätten die Polizeibeamten den Wagen nicht angehalten, an jenem Abend des 27. September 2000 in Potsdam, wäre die Sache wohl im Sande verlaufen. Ein Mann hätte 5.000 Mark verloren, ein anderer hätte die Sache vergessen, so wäre es gewesen. Es wäre nicht zu diesem Ende gekommen, das den Tiefpunkt vom langen Abstieg des Jochen Wolf markiert, früherer Bauminister im Land Brandenburg. In diesen Tagen wird der Abstieg vor dem Landgericht Potsdam verhandelt und dabei zeigt sich, wie schnell aus einer zufälligen Begegnung eine Tragödie werden kann.

Das Schicksal hat es damals so gewollt, dass die Potsdamer Polizisten den Wagen an den Straßenrand winkten, die Papiere des Fahrers kontrollierten und feststellten, dass der kräftige Mann am Steuer nicht der Halter des Fahrzeuges war, ja nicht einmal einen Führerschein besaß. Sie haben den Kräftigen mitgenommen auf die Wache, im Computer nachgeguckt und bemerkt, dass er ein Bekannter war bei den Kollegen in Wuppertal.

Der Kleinigkeit, dass der 41-jährige gelernte Stahlbauschlosser und frühere Fremdenlegionär Ralf M. in einer banalen Verkehrskontrolle geschnappt wurde, ist es zu verdanken, dass der ehemalige Minister Wolf sich nun wegen zweifacher versuchter Anstiftung zum Mord an seiner Ehefrau Ursula verantworten muss.

Die Verkehrskontrolle im Herbst 2000 ist der Anfang einer Kette von Beweisen, die der Staatsanwalt zusammengetragen hat. Ralf M. ist demnach der Killer, den der ehemalige Minister angeheuert hat, Ursula Wolf umzubringen. Weil Ralf M. in seinem Leben schon oft „auf der falschen Seite vom Zaun" operiert hat, wie er zugibt, drohten ihm damals nach Feststellung der Personalien diverse Gefängnisstrafen. Und deswegen redet er.

Ralf M. ist einer, der breitbeinig vor den Richter tritt, ein Schrank von einem Kerl, dessen Narben im Gesicht vermuten lassen, dass er bisweilen die körperliche der geistigen Auseinandersetzung vorzieht. Der Mann aus Wuppertal beginnt zu erzählen, wie der ehemalige Minister ihm in einer Berliner Grünanlage 5.000 Mark „in gemischten Scheinen" überreicht habe, als Vorschuss für den Mord an seiner Ehefrau. Ralf M. redet und erzählt so detailreich und versessen, wie er es – eine Zukunft im Gefängnis vor Augen – schon bei der Polizei getan hat. Die Kriminalbeamten haben ihm geglaubt. Sie beauftragten den vermeintlichen Killer, Jochen Wolf noch einmal anzurufen, der frühere Minister ist in die Falle getappt und jetzt sieht es vor Gericht nicht gut aus für ihn. Bei einer Verurteilung drohen dem 60-Jährigen bis zu 15 Jahre Haft.

Zu Prozessbeginn war dem ehemaligen Minister der gewohnte Umgang mit dem öffentlichen Interesse noch deutlich anzumerken. Immer wieder stellte sich Wolf geduldig, fast heiter den Blitzlichtern der Fotografen. In Jeans und rotem Wollpullover sah er aus, als ginge es mit der Presse gleich zu einer schönen Partie Golf ins Potsdamer Umland. Die Vorwürfe des Staatsanwalts schienen nicht zu ihm durchzudringen, starr blickte er aus dem Fenster, den Mund leicht spöttisch verzogen. Aber Wolfs Verhalten vor Gericht scheint der Kurve seines Lebens zu folgen, die Sicherheit ist ins Wanken geraten. Inzwischen sitzt Wolf zusammengesunken auf seinem Stuhl, der Kopf scheint zwischen die Schultern gerutscht. Eine getönte Brille sperrt die Umwelt aus, ein optischer Versuch, Überlegenheit zu bewahren, wenn alles von außen Kommende zur Bedrohung gerät.

Dabei hatte für ihn alles hübsch begonnen: eine aussichtsreiche Karriere in den Wirren der Wendezeit. Als Mitbegründer der brandenburgischen SPD war Wolf 1990 in der ersten Landesregierung zum Bauminister aufgestiegen. Auch auf den Posten des Regierungschefs hatte er Ambitionen. Als 1992 Stasi-Vorwürfe gegen Landesvater Manfred Stolpe laut wurden, brachte er sich selbst als Kandidat ins Gespräch. Doch statt Stolpe fiel Wolf. Ein Immobilienmakler hatte ihm bei einem Grundstückskauf die Provision erlassen und der Minister hatte sich revanchiert, indem er einen Acker am Rande eines Landschaftsschutzgebietes als Bauland empfahl. Wolf musste 1993 zurücktreten, später erstritt er sich vor Gericht eine Stelle im brandenburgischen Wirtschaftsministerium als Sonderbeauftragter für Projekte in Osteuropa.

Auf einer Dienstreise in die Ukraine lernte Wolf die junge Dolmetscherin Oksana K. kennen. Die Liebe zu der 25 Jahre alten Russin soll der Grund dafür gewesen sein, dass Wolf bereits 1997 mit einem Mittelsmann über den Mord an seiner Ehefrau Ursula gesprochen habe. Wolf wollte seine Geliebte für immer nach Deutschland holen, sie träumte von einer Karriere als Model, und schaffte es an Wolfs Seite als leicht bekleidete Schönheit in die Boulevardzeitungen.

Für Ursula Wolf waren dies Verletzungen, die sie bis heute nicht verwunden hat. „Ich sollte den Hauspudel machen, und er wollte seine Liebschaft weiterpflegen. Das wollte ich nicht mitmachen", sagt die 55-Jährige mit stumpfer Stimme vor Gericht, in ihrem Gesicht lauert der Vorwurf langjähriger Enttäuschung, ein Leid, das sie in demonstrative Selbstgerechtigkeit gekehrt hat. Ihren Mann nennt Ursula Wolf „den Angeklagten". Der Angeklagte, sagt sie, habe gesagt: „Wenn du Krieg willst, sollst du Krieg haben."

Jochen Wolf reichte mehrmals die Scheidung ein, Ursula Wolf stimmte nicht zu, ihr Mann weigerte sich, Unterhalt zu zahlen, die Schlacht der beiden Eheleute vor Fernsehkameras und Richtern begann, sie waren am Bodensatz der Gefühle angelangt. Ursula Wolf kämpft auf diesem Grund heute noch weiter.

Jochen Wolf indes soll damals schon einem Bekannten 10.000 Mark gegeben haben, damit dieser den Mord an seiner Frau veranlasse, sagt die Staatsanwaltschaft. Der Auftrag wurde nicht ausgeführt, Wolf soll das Geld wiederbekommen haben. Im Dezember 1998 lauerte die Geliebte der Ehefrau im Wald beim Joggen auf. Oksana K. bedrohte Ursula Wolf mit einer Pistole, wollte sie zur Scheidung zwingen, Ursula Wolf konnte sich losreißen und erstattete Anzeige. Kurz darauf hat sich Oksana K. mit Jochen Wolfs Sportpistole in der Badewanne der gemeinsamen Wohnung erschossen. „Er macht mich für ihren Selbstmord verantwortlich", erzählte Ursula Wolf später der Zeitschrift Super Illu.

„Der Tod von Oksana hat ihn sehr, sehr getroffen", sagt eine frühere Arbeitskollegin Wolfs, die als Zeugin geladen ist. Mehr als einmal habe er erklärt, er würde seiner Frau „am liebsten den Hals umdrehen", erinnert sich eine ehemalige Bekannte Wolfs.

Frühere Freunde erzählen im Zeugenstand auch von den emotionalen Ausbrüchen, die Wolf zu jener Zeit hatte. Demnach hat der ehemalige Minister oft und viel geklagt, über die Scheidung, das Geld, seine Frau; Wolf fühlte sich verfolgt, verstieg sich in politische Verschwörungstheorien, witterte Intrigen. Offenbar war er mittlerweile tief genug in die Halbwelt gerutscht, dass er von der Existenz jener Menschen wusste, die schwer wiegende Probleme gegen die Summe von 15.000 Mark lösen. Sein Arbeitskollege André D., mit dem Wolf beim Wirtschaftsministerium ein Büro teilte, soll für ihn den Kontakt zu Ralf M. hergestellt haben. Die Verkehrskontrolle führte dazu, dass der Auftrag aufflog, nachdem 5.000 Mark bereits geflossen waren.

Unter Anleitung der Polizei arrangierte Ralf M. telefonisch ein Treffen mit Wolf am Berliner Bahnhof Zoo, wo das restliche Geld übergeben werden sollte. „Hör zu, ich hab deine Frau erledigt", hatte Ralf M. Jochen Wolf erzählt. Der wollte Beweise: „Ich zahle erst, wenn ich definitiv weiß, dass das Problem beseitigt ist." Auf Tonbändern hat die Polizei alles mitgeschnitten. Wolf wurde am Bahnhof Zoo verhaftet.

Bei seiner Vernehmung hat der ehemalige Minister gestanden. Im Prozess schweigt er dagegen beharrlich, das hat ihm sein Verteidiger geraten. Der Anwalt will auf Freispruch plädieren. Nach dem derzeitigen Stand der Verhandlung stehen die Chancen dafür schlecht. Das weiß auch Jochen Wolf. Die Aussage des Zeugen Ralf M. hat die Sicherheit der ersten Prozesstage zum Einsturz gebracht. Inzwischen wirkt er, als hätte er den Kampf um seine Existenz beinahe aufgegeben. Die Stirn glänzt, der Blick ist gesenkt, die Hände tasten nervös am Hosenbein.

Das Pech des Jochen Wolf mag es gewesen sein, nach einer Reihe selbst verschuldeter Verfehlungen an einen Mann wie Ralf M. geraten zu sein. Ein Betrüger aus dem Wuppertaler Türstehermilieu, der nach eigener Aussage nie vorhatte, den Auftrag wirklich auszuführen. „Das Geld abgreifen und verschwinden", so beschreibt er seinen Plan. Einer, der wenn es darauf ankommt, bei der Polizei nicht dichthält. Das Pech des Jochen Wolf war demnach das Glück seiner Ehefrau.

Vor Gericht berichtet Ursula Wolf, wie freundlich Ralf M. gewesen sei, als er, als Landschaftsgärtner verkleidet und von Jochen Wolf mit dem falschen Ausweis einer Gartenbaufirma ausgestattet, bei ihr zu Hause das Gelände inspizierte. Sie habe ihn in die Küche zum Kaffee eingeladen und von ihren Eheproblemen erzählt. Auch Ralf M. hat der Besuch damals gefallen: „Ich habe mich fantastisch mit ihr unterhalten", umbringen wollte er sie nicht, meint er.

Das Pech oder Glück dieses gescheiterten Unternehmens, je nachdem, ist also in der Person des Ganoven Ralf M. zu suchen. Wäre die Verkehrskontrolle nicht gewesen, hätte ein Mann vermutlich einfach 5.000 Mark verloren, ein anderer hätte die Sache vergessen.

UNLAUTERER TIERSCHUTZ

Die Wahrheit ist ein launisches Ding. Sie dreht und wendet sich, je nachdem, wer die Geschichte erzählt. Vor dem Gerichtssaal sitzt eine alte Frau in grauem Rock und türkisfarbenem Pullover. Sie heißt Hildegard Krüger und ist 76 Jahre alt. Seit einem viertel Jahrhundert züchtet Hildegard Krüger Hunde, zuerst begann sie mit Pudeln, dann brachte ihr Mann aus England zwei Yorkshireterrier mit, und Hildegard Krüger wurde eine der ersten Yorkshireterrier-Züchterinnen der DDR.

Es ist eine traurige Geschichte, die Hildegard Krüger erzählt. Sie bekam nachmittags in ihrer Laube in Berlin-Blankenburg Besuch, sagt sie. Ein Mann, der sich als Polizist ausgab, sei gekommen, er wolle einen Yorkshire-Welpen als Geschenk für seine Freundin kaufen und später noch einmal vorbeischauen, habe er behauptet, vielleicht würde er einen Kollegen mitbringen, der auch an einem Schoßhund interessiert sei.

Als die zwei Männer abends im Garten erschienen, lud Frau Krüger die beiden in ihre Wohnstube, setzte sich in ihren Lehnstuhl und plauderte mit ihnen ein Stündchen Belangloses. Schließlich wollte die Hundezüchterin zur Sache kommen und fragte: „Wollen Sie nun einen Hund haben oder nicht?" Da seien die beiden Männer seltsam geworden. Hildegard Krüger ruckelt sich auf der Bank vor dem Gerichtssaal zurecht, sie holt tief Luft, fast ein Schnaufen ist das.

Die Männer haben sie mit Handschellen und Klebeband an ihren Stuhl gefesselt, berichtet sie weiter, sie schlugen mit einem Stahlrohr auf ihre Unterarme ein, schmierten Schmalz in ihre Haare und bestreuten sie mit Mehl, die Brille wurde zertreten. Ihr ganzes Zuhause hätten die Kerle verwüstet und ihr zu guter Letzt das Liebste genommen, was sie besaß: ihre zehn Hündchen. Wert der Beute: 50.000 Mark. Hildegard Krüger seufzt, und man weiß nicht, ob wegen des Schmerzes oder des vielen Geldes.

Im Gerichtssaal sitzen die beiden Angeklagten. Was der 49-jährige Frank B. erzählt, lässt das Geschehen in einem anderen Licht erscheinen. Demnach wollten sie Bijou, Bella, Billie und die anderen kleinen Terrier nur aus den Händen einer bösen Tierquälerin befreien. Bei seinem ersten Besuch am Nachmittag habe er die Hunde in einem katastrophalen Zustand vorgefunden: „Ausgemergelt, zitternd, und verdreckt in Bergen von stinkendem Müll", erklärt er. „Ich habe den Tieren das Versprechen gegeben, sie da rauszuholen, ihre kleinen Seelen waren gebrochen." Wenn Frank B. grimmig hinter der Balustrade der Anklagebank auf und ab geht, erinnert der bärtige Mann mit den struppigen Haaren selbst ein wenig an ein nervöses, wildes Tier. Er ist sehr aufgebracht, immer wieder schreit er den Richter an, und man hat den Eindruck, er spinnt ein bisschen.

Am Abend des besagten Tages ist er gemeinsam mit seinem Bekannten aus einem Tierschutzverein mit einem Lieferwagen noch einmal bei Hildegard Krüger vorgefahren. Und es war der erneute Anblick der Verwahrlosung, der schmutzigen Räumlichkeiten und der engen Drahtkäfige mit den kauernden

Hunden, der etwas in seinem Inneren zuschnappen ließ, sagt B. Er fesselte die Frau mit Handschellen und schlug auf sie ein. Die Tiere luden die Männer in Pappkartons und fuhren sie zu einer Familie in Zehlendorf, wo sie von einem Tierarzt versorgt wurden. Inzwischen seien die Hunde an neue Besitzer verteilt und befänden sich in guten Händen.

Frank B. steht heute nicht nur wegen Selbstjustiz und Hunderaubs vor Gericht. In einer zweiten Anklageschrift wird ihm vorgeworfen, wiederholt sexuelle Handlungen an Kindern vorgenommen zu haben. Der Richter hat sich indes vorgenommen, zuerst die Sache mit dem militanten Tierschutz zu verhandeln.

Hildegard Krüger sitzt währenddessen immer noch draußen vor dem Gerichtssaal. Sie nestelt an einer Plastiktüte und erzählt, sie könne sich schon erinnern, irgendwann eine Abmahnung vom Amtstierarzt erhalten zu haben. Sie sei krank gewesen, habe viel im Bett gelegen, deswegen habe sie sich nicht so sorgfältig um ihre Hunde kümmern können. Auch jetzt gehe es nicht sehr gut. „Der Diebstahl hat mich in die Armut getrieben", sagt sie und hebt anklagend ihren Gehstock. Ihre braune Strumpfhose ist über der Wade zerrissen.

SCHAFKOPF ALS VISITENKARTE

Bei manchen Menschen ist mangelnde Überzeugungskraft Schuld an ihrem Unglück. Auch bei Thomas G. und Richard M. verhält es sich so. Zwar fehlt es ihnen nicht an schauspielerischem Talent. Die Fähigkeit, ihre Interessen bis zur letzten Konsequenz durchzusetzen, nimmt man den beiden Männern dennoch nicht ab – trotz ihrer gedrungenen Statur. Für Angehörige der Inkassobranche ist das fatal. Schließlich geht es in diesem Wirtschaftszweig um große Summen, die es im Auftrag anderer Firmen einzutreiben gilt. Die jeweiligen Schuldner nahmen die Drohungen der Inkassounternehmer Thomas G. und Richard M. zwar ernst, hatten zuweilen auch ein bisschen Angst – zahlen taten sie jedoch nicht. Zu allem Übel schaltete schließlich einer der Betroffenen sogar die Polizei ein. Der 42-jährige Thomas G. und sein Kollege, der 37-jährige Richard M., sitzen vor dem Amtsgericht. Angeklagt sind sie wegen Nötigung, Sachbeschädigung und allerlei anderer unseriöser Geschäftspraktiken.

Thomas G. und Richard M. sehen so aus, wie man sich gemeinhin Vertreter ihrer Berufsgruppe vorstellt. In den Gerichtssaal kommen sie herein wie zum Kämpfen, ausholenden Schrittes, solariumgebräunt, die breiten Schultern in enge Jacketts gezwängt. Glaubt man der Staatsanwältin, fehlte es den beiden Angeklagten auch bei ihrer Arbeit keineswegs am

Sinn für theatralische Gesten. Einmal sollen sie zur Einschüchterung eines Schuldners einen Schafkopf an dessen Haustür befestigt haben, ein Trauerflor mit den Worten „Ein letzter Gruß" hing dabei. Sie sollen angerufen und gesagt haben: „Du hast nicht mehr viel Zeit." Autoreifen wurden zerstochen, und kräftige Herren postierten sich bedrohlich in Hauseingängen, heißt es. Bei einem anderen Geschädigten sollen die Inkassounternehmer ihren Forderungen Nachdruck verliehen haben, indem sie immer wieder mit einem Fotoapparat am Haus vorbeipatrouillierten. In einem Kreuzberger Autohaus nahmen die Geldeintreiber Visitenkarten aus einem Verkaufsständer und zerrissen diese mit bedeutungsvoller Miene. Meist gaben sich die beiden Männer russische Namen, sagt die Anklage. Mit ihren Opfern sprachen sie mit russischem Akzent, setzten sich dunkle Sonnenbrillen auf, erwähnten einen mysteriösen „Alexey", – alles, um glaubhaft mit der Russenmafia in Verbindung gebracht zu werden.

Die beiden Angeklagten schweigen zu diesen Vorwürfen. Still und kräftig sitzen sie da, lassen körperliche Überlegenheit für sich sprechen; das können sie gut. Auch wenn in den aufgeführten Fällen keine Gelder geflossen sein sollen, scheinen Thomas G. und Richard M. auf ihre Opfer immer noch so bedrohlich zu wirken, dass der Nachweis einer Schuld schwierig wird. Der Zeuge W. erkennt G. im Gerichtssaal zwar wieder. Ein Schafkopf sei bei ihm in jener Zeit auch an der Haustür aufgetaucht, Autoreifen wurden zerstochen und bedrohliche Flugblätter lagen im Briefkasten. Aber ob G.s Inkassounternehmen etwas damit zu tun habe, könne er nicht sagen. Kurzum, aus diesem Zeugen ist nichts herauszuholen.

Thomas G. stützt selbstbewusst die Hände aufs Knie, Daumen nach außen. Die Anwälte lächeln zufrieden.

Trotzdem spricht einiges dafür, dass die beiden Männer nicht zu Unrecht auf der Anklagebank sitzen. Zum Beispiel gibt es da diese Frau, die nervös rauchend draußen auf dem Gerichtsflur auf und ab läuft: „Ich bin Zeugin, und wenn der Richter in deren Anwesenheit meine Adresse laut vorliest, sag ich gar nichts", ruft sie verzweifelt. Dann erzählt sie noch einmal die Geschichte mit dem Schafkopf und den kräftigen Männern mit den Sonnenbrillen, und wie viel Angst sie gehabt habe. „12 Kilo habe ich damals zugenommen!"

BEIL IM WAHN

Die Ehe zwischen Ursel und Werner B. kann man sich als ein langes Ringen um die Wahrheit vorstellen. Ein Leben, das zwischen Misstrauen, Ängsten und Beruhigungsversuchen pendelte. Oft halfen nur Tabletten ins Gleichgewicht. Oder dass man den anderen raushielt aus dem eigenen Gedankensystem. 36 Jahre dauerte diese Ehe. Doch die 56-jährige Einzelhandelskauffrau Ursel B. fühlte plötzlich, dass es nicht ausreiche, sich nur von ihrem Mann zu trennen. Sie kaufte in einem Baumarkt ein kleines Beil. Einen Tag später versuchte sie damit ihren Mann auf der Straße zu töten. Die beiden waren gerade in Lichtenrade auf dem Weg zum Scheidungsanwalt.

Wie ein Vögelchen sitzt die zierliche Frau auf der Anklagebank, als ihr nun am Landgericht der Prozess gemacht wird. Ihre Augen blicken traurig. Den Angriff auf ihren Ehemann hat sie sofort gestanden. Werner B. hatte durch den Hieb eine Verletzung am Kopf erlitten.

Die medizinische Sachverständige spricht von einem „Wahngebäude", das die Angeklagte errichtet habe. Im Zentrum dieses Wahns sei der Ehemann gestanden. Und so hat es auch Werner B. empfunden.

In den ersten Jahren sei die Ehe noch normal verlaufen, erzählt der 61-jährige Kaufmann bei der Zeugenvernahme. Doch nach der Geburt eines toten Kindes im Jahr 1966 habe seine

Frau zunehmend Wahnvorstellungen entwickelt. Zunächst fühlte sie sich von einem Onkel verfolgt, dem sie „magische Kräfte" zutraute. Später habe sie eine übersteigerte Angst vor Terroristen entwickelt. Und irgendwann habe sie auch ihn des Mordes verdächtigt, sagt B. Ein Phantombild in der Zeitung habe ihm angeblich ähnlich gesehen. So kam es, dass seine Frau die Stiefmütterchen wieder ausgrub, die er gerade im Garten eingepflanzt hatte. Weil sie darunter Leichen vermutete. Bei der Mordkommission habe sie ihn auch angezeigt. Überhaupt habe sie oft sehr abwesend gewirkt.

Ursel B. nickt bei diesen Schilderungen ihres Mannes. Die Tränen laufen ihr über das Gesicht, als sie selbst von den Ehejahren berichtet. Es habe auch schöne Zeiten gegeben, gibt sie zu. Aber selbst das Haus mit Gartengrundstück, das sich die beiden gebaut hatten, sei ihr irgendwann wie ein „goldener Käfig" erschienen. Ihr Mann mache sie verrückt. Die Messer im Haushalt habe er ihr immer mit der Klinge nach oben hingelegt. Oder eine Rasierklinge als Zeichen, sich doch umzubringen. Sie glaubte, er würde sie immer weiter verfolgen. Diese Vorstellung schien unüberwindbar. Erst durch die Idee, ihren Mann zu töten, habe sie sich „wie ein junger Gott" gefühlt. Mit ernstem Gesicht war die Angeklagte aufgestanden, wie um ihren Worten mehr Gewicht zu verleihen.

Im Jahr 1966 war Ursel B. nach der Geburt ihres toten Kindes fünf Wochen in einer Nervenklinik untergebracht. Fast ihr gesamtes Leben hat sie Tabletten gegen Depressionen einnehmen müssen. Die Sachverständige empfiehlt die Unterbringung in einer Klinik.

RAUCHVERGIFTUNG
DURCH WEIZENKORN

Dem Alltag mit Rauschmitteln zu entfliehen gehört zu den Gewohnheiten weiter Bevölkerungskreise. Soweit dies mittels Alkohol geschieht, ist diese Konvention weitgehend gesellschaftlich akzeptiert. Trotzdem gibt es vor Gericht den Straftatbestand des Vollrauschs. Er tritt in Kraft, wenn durch die Trunkenheit andere Personen zu Schaden kommen. Im Fall des 52-jährigen Sozialhilfeempfängers Heinz A., der vor dem Landgericht verhandelt wurde, muss sich der Beschuldigte für den Tod seines Nachbarn verantworten.

Heinz A. soll sich in seiner Wohnung in der Knaackstraße in Prenzlauer Berg durch Schnapstrinken bewusst in den Zustand der Schuldunfähigkeit versetzt haben, heißt es in der Anklage.

Betrunken soll Heinz A. eine Tischdecke über eine Kleiderschranktür gehängt und diese mit einem Feuerzeug entzündet haben. Die Flammen breiteten sich rasch in der ganzen Wohnung aus, griffen auf Fußboden, Zimmerwände und Deckenverkleidung über. Auch die darüber liegende Wohnung fing Feuer. Der dort wohnende 29-jährige Mieter Peer K. starb an einer Rauchvergiftung.

Der Angeklagte Heinz A. bemüht sich im Gerichtssaal, einen aufrichtigen Eindruck zu vermitteln. Er springt auf, sobald der Richter ihn anspricht, und entschuldigt sich, wenn er sich wegen seiner Aussagen unsicher ist.

Bezüglich der verhängnisvollen Nacht beruft sich Heinz A. indes auf Erinnerungslücken. In seinem Kopf stürzen die Tage ineinander, die Ereignisse fallen zu einem diffusen Nichts zusammen. Er habe den gesamten Tag hindurch viele Flaschen Weizenkorn mit seiner Freundin getrunken, gibt er zu. Dass er die gelbe Tischdecke angezündet habe, könne er sich nicht denken.

Neben seiner jahrelangen Alkoholsucht scheint Heinz A. bisweilen auch unter Wahnvorstellungen zu leiden. Er hatte die Polizei alarmiert, weil er seine Freundin zerstückelt auf dem Sofa meinte liegen zu sehen. Die Beamten fanden damals jedoch nichts. An einem anderen Tag habe sein Fernseher „geknurrt" und ein Affe sei auf der Couch umher gesprungen, erzählte Heinz A.. In der besagten Nacht will er deutlich zwei Männer im Kleiderschrank erkannt haben.

Seine Freundin, die Zeugin Manuela L., sagt dagegen aus, Heinz A. sei ein sehr eifersüchtiger Mann. Angetrieben von Hirngespinsten, Trunkenheit und Verwirrung habe er wohl das Feuer gelegt. Die beiden hätten sich vorher gestritten, berichtete sie.

Während der Verhandlung sitzt die Mutter des verstorbenen Peer K. still auf der Bank der Nebenanklage und weint, die Unbeholfenheit des Angeklagten lindert ihren Schmerz nicht. Ihr Sohn war ein ruhiger, an Literatur interessierter Mensch, heißt es. Kurz vor dem Unglück hatte er sich vorgenommen, aus dem Haus in der Knaackstraße auszuziehen. Die ständigen Störungen durch seinen betrunkenen Nachbarn Heinz A. hatte er nicht mehr ertragen wollen.

Wenn Heinz A. die Höchststrafe bekommt, erwarten ihn fünf Jahre Gefängnis, meint der Staatsanwalt.

DIE SICHT DER POLIZEI

Zwei Polizisten stehen als Angeklagte vor dem Amtsgericht Tiergarten. Am Rande einer NPD-Demonstration am 25. November 2000 sollen sie einem japanischen Journalisten unvermittelt und ohne Grund mit den Fäusten mehrere gezielte Hiebe ins Gesicht verpasst haben. Auch gegen die Brust hätten sie Herrn N., den Chefkorrespondenten eines japanischen Fernsehsenders, geschlagen, sagt die Staatsanwaltschaft. Der Korrespondent erlitt einen Jochbeinriss und Prellungen, zudem ging seine elegante Brille zu Bruch.

Auch ein dritter Beamter sitzt auf der Anklagebank. Er hatte behauptet, seine Kollegen seien von dem Journalisten angegriffen worden, nicht umgekehrt. Doch es gibt das Video eines Hobbyfilmers. Der Mann hatte das Geschehen damals mit der Kamera verfolgt. Das Video zeigt, wie es gewesen ist. Der dritte Polizist ist daher wegen „der Verfolgung Unschuldiger" angeklagt.

Der Vorwurf der Körperverletzung im Dienst ist keine Kleinigkeit. Das Delikt wird mit bis zu fünf Jahren Haft bestraft. Die angeklagten Polizisten sitzen breitschultrig vor der Richterin, schweigen zunächst, lassen körperliche Überlegenheit wirken.

Dann meint der Beamte L., er habe den Japaner lediglich geschubst, als die Polizei den NPD-Aufmarsch nach Flaschenwürfen von Gegendemonstranten beenden wollte. Der Polizist H. sagt dazu nichts. Der Eindruck, dass der dritte Angeklagte das Fehlverhalten seiner Kollegen decken wollte, bleibt dagegen weiterhin bestehen. Mehrmals hat er nach dem besagten Tag widersprüchliche Erklärungen abgegeben. Jetzt will er seine Haut retten und sagt, der Mann auf dem Videofilm könnte auch ein ganz anderer Asiate gewesen sein.

Aber die Beweislast der Zeugenaussagen ist erdrückend. Der Hobbyfilmer erklärt der Richterin: „Es ist mir ein Rätsel, warum die Polizei zuschlug." Es habe keinen ersichtlichen Grund für ihr Vorgehen gegeben. Der Journalist habe deutlich erkennbar zwei Presseausweise um den Hals hängen gehabt. Und auch Herr N. führte mehrfach mit der ausgestreckten Hand die Bewegung vor, mit der er damals auf dem Alexanderplatz den Polizisten seine Ausweise gezeigt habe. Er sei zu jenem Zeitpunkt auf der Suche nach seinem Kameramann gewesen, der im allgemeinen Gedränge der Demonstration verloren gegangen war. Die Schläge der Polizisten hätten ihn völlig unvorbereitet getroffen. Die Staatsanwältin nickt, die Angeklagten gucken aus dem Fenster.

Herr N. ist ein scheuer, höflicher Mann in grauem Anzug. Um sprachliche Ungenauigkeiten zu vermeiden, übersetzt eine Dolmetscherin seine japanischen Sätze ins Deutsche. Er möchte nicht, dass sein Name in der hiesigen Presse erscheint und auch sein Arbeitgeber soll nicht in der Zeitung stehen. Sein Anwalt sagt, Herr N. sei noch immer tief getroffen von dem Vorfall. Er könne nicht verstehen, dass sich bislang keiner der handelnden Personen bei ihm entschuldigt habe. Nicht einmal der Polizeipräsident hätte ihn um Verzeihung gebeten.

FRÖHLICHE LEUTE BÖSE

Ein Rechtsanwalt darf in dieser Form nicht ausrasten, findet der Staatsanwalt.

Rechtsanwalt Lutz H. ist ein kräftiger Mann von 58 Jahren. Auffallend an ihm ist seine Gesichtsfarbe. Im Normalzustand sticht sie rosa von seinem dunkel karierten Anzug ab. Lutz H. gehört indes zu den hellhäutigen Menschen, die schnell einen roten Kopf bekommen, wenn der Ärger in ihnen hochsteigt. Angeklagt ist H. wegen Unterschlagung und Beleidigung.

1995 hatte Lutz H. die Kahn der fröhlichen Leute GmbH als Anwalt vertreten. Bei der Firma handelt es sich um einen Gaststättenbetrieb aus dem Berliner Umland, der sich offensichtlich durch ausgefallene Namensgebung auf dem Markt profilieren möchte. Der sonderbare Name geht zurück auf den Titel eines Defa-Films von 1950. Die musikalische Liebeskomödie „Kahn der fröhlichen Leute" erzählt die Geschichte eines jungen Mädchens, das nach dem Tode seiner Eltern versucht, den väterlichen Motorkahn weiter zu betreiben.

Es war ein kleine Sache, in der der Anwalt Lutz H. damals für die Gastronomiefirma tätig wurde: eine Mietangelegenheit. Das Verfahren wurde schnell eingestellt, das Gericht in Potsdam überwies die im Voraus eingezogenen Prozesskosten von 2.541 Mark zurück auf das Konto von Lutz H. Der Anwalt hätte die Summe an die Kahn der fröhlichen Leute GmbH weiterleiten müssen. Es war das Geld der Firma und es stand ihm nicht zu.

Vielleicht hatte Lutz H. zu jener Zeit Geldsorgen, vielleicht überfiel ihn wegen des heiteren Namens seiner Mandanten auch einfach ein seltener Mut: Er behielt jedenfalls die 2.541 Mark für sich. Die Kahn der fröhlichen Leute GmbH schickte Mahnungen. Die Briefe nutzten nichts.

Als schließlich die Polizei mit Vollstreckungsbescheid in H.s Kanzlei stand, wurde der Anwalt ausfällig: "Es hat immer Polizisten gegeben, die sich auf Befehle berufen haben, auch als die Menschen ins KZ gegangen sind", herrschte er einen Beamten an. Einer Kollegin rief er zu: "Ha! Kahn der fröhlichen Leute, auf die piss ich!" Als Jurist hätte er sich mit wichtigeren Fällen zu beschäftigen. "In den Akten, die er mir hinknallte, ging es dann um eine missglückte Penisverlängerung", sagt die als Zeugin geladene Beamtin nun aus. Sie ist immer noch ganz erschrocken.

Erst nach drei Jahren Streit hat sich Lutz H. das Ganze noch einmal überlegt. Im Juni 1998 überwies er 2.541 Mark an das Potsdamer Gericht, mit der Bitte, die Summe an seine ehemaligen Mandanten auszuzahlen. Das Geld kam den lustigen Leuten indes zu spät. "Ein Rechtsanwalt darf in dieser Form nicht ausrasten", findet auch der Staatsanwalt heute. Das Amtsgericht Tiergarten verurteilt Lutz H. zu einer Geldstrafe von 16.000 Mark.

Nach dem Richterspruch huscht Lutz H. mit gesenktem Kopf aus dem Gerichtssaal. Sein Nacken zeigt eine leicht rötliche Färbung. Ob er ursprünglich wirklich geglaubt hat, mit dem Geld durchzukommen, ist unklar. Er hat während der gesamten Verhandlung geschwiegen.

VERGEBEN DURCH VERGESSEN

Jetzt ist es so weit gekommen, dass Frank J. im Landgericht auf der Anklagebank sitzt wie ein Verbrecher, einen Mordversuch wirft man ihm vor. Und dass Frank J. dieser Umstand nicht passt, ist dem 36-jährigen arbeitslosen Gleisbauer deutlich anzumerken. Breitbeinig sitzt er da, den kräftigen Körper nach vorne gelehnt, der Blick ist finster, so aufsässig, wie man in einer solchen Situation nur gucken kann. „Ich sag nichts!", raunzt er dem Richter gleich bei Prozessbeginn zu.

Vier Schnittverletzungen am Hals eines anderen sind schuld daran, dass er nun vor Gericht sitzt. Am 18. Februar sollen die Schnitte verübt worden sein, mit einem einfachen Brotmesser. Das Opfer wäre daran fast gestorben. Nur eine Notoperation im Krankenhaus konnte den Bewusstlosen retten – so tief waren die Wunden.

Der andere, von dem hier die Rede ist, heißt Peter S., ein kleiner Mann mit Bart, der in Pantoffeln in den Gerichtssaal trippelt. Im Obdachlosenheim in Reinickendorf, in dem sie alle wohnen, rufen sie ihn „Peterchen" oder „der kleine Peter". Eine „ruhige, unauffällige Erscheinung", nennt ihn die Heimleiterin, den größten Teil des Tages sitze er auf einem Stühlchen im Flur. Man kann sich schwer vorstellen, warum einer diese harmlose Gestalt angreifen sollte.

Die Anklage sagt, dass es wegen des Geldes gewesen sei. An

jenem Tag hatte Peter S. mit seinen Kumpels seine Unterstützung vom Sozialamt abgeholt und war danach Schnaps und Zigaretten einkaufen gewesen. Auf dem Weg zurück ins Wohnheim hatten sie alle angefangen zu trinken. Ein heiteres, monatlich wiederkehrendes Zeremoniell.

Der Angeklagte Frank J. habe den kleinen Peter dann um 60 Euro gebeten. Dieser habe ihm indes nur 15 Euro gegeben. Daher habe Frank J. den schon betrunkenen Peter S. auf die Wohnheimtoilette geschleppt und ihm mit einem Messer in den Hals gestochen. Im Glauben, dass sein Opfer bereits tot sei, habe er einige Stunden später eine Suche nach Peter S. initiiert. Der schwer Verletzte wurde gefunden. Der Hausmeister alarmierte den Notarzt. Vielleicht ist es so gewesen.

Die Aussage des Opfers bestätigt diese Version: „Der Kollege is' mir mit'm Messer an die Knochen gegangen", erklärt Peter S. Allerdings gibt es keine Zeugen für diese Attacke. Und die Erinnerung von Peter S. ist längst brüchig geworden, vom Alkohol und von den Verhältnissen ganz allgemein. Plötzlich sagt er, dass er im Garten gesessen habe an jenem Tag. Es sei nichts Besonderes passiert. Er habe sich ein Pflaster auf die Wunde geklebt, nichts weiter, der Angeklagte habe ihm dabei geholfen. Überdies erzählt ein als Zeuge geladener Kumpel, Peterchen habe eigentlich nie gewusst, wer ihm die Stiche verpasst hatte, er konnte sich einfach nicht erinnern. Überhaupt beschäftige sich in dem Wohnheim keiner mehr mit dem Vorfall. Sie wohnen zusammen, der Februar ist lange her.

Nicht einmal Peter S. scheint sich wirklich dafür zu interessieren. Er schlurft aus dem Gerichtssaal. „Erst mal eene roochen", sagt er und nickt dem Richter zu.

DER STAATSANWALT
Ein Nachwort von Dietrich Kuhlbrodt

Die Gerichtsreporterin hat ein Privileg. Sie sitzt genau wie Richter, Staatsanwalt, Protokollführerin in der ersten Reihe, alle zusammen um die herum, die vorgeführt werden oder sich vorführen, reality live. Für den Probanden, wenn nicht Sozialfall, so doch Fall für die Justiz, sind die, die ihn im Gerichtssaal in Augenschein nehmen, mehr oder minder eins, Therapeuten, Scharfrichter, Verwurster für den Lokalteil der Print-Unterhaltung – die anderen, die mit dem Beil.

Auch Kirsten Küppers geht in „Kleine Beile" auf die Distanz, die der Therapeut/der Staatsanwalt zum Probanden hält. Sich mit dem Fall zu identifizieren, gar von und über sich reden, würde den Blick auf reality und Faktenlage verfälschen. Oder nicht? Ich hätte gern etwas mehr von der Autorin erfahren. Wie verarbeitet sie, was sie wahrnimmt: den Nazi vor Gericht; den Japaner, der von der Polizei zusammengeschlagen wird; den Minister, der einen Fremdenlegionär mit einem Mord beauftragt; das Alltägliche, das vor Gericht zum Einmaligen wird?

Kirsten Küppers schreibt nichts über sich. Aber diese Leerstelle, und dass man das gern erfahren hätte, macht die Lektüre spannend. Ihre Hauptsätze verweisen auf jemanden der zuguckt. Es geht darum Fakten zu sammeln, die Realität zu transportieren. Das ist eher ungewöhnlich. Sehen! Nicht:

meinen! Die Menschen, die vor Gericht auftauchen, sind für die Reporterin nicht dazu da, etwas zu beweisen. Auch wenn sie zu diesem Zweck dort erschienen sind. Wir erfahren also ziemlich viel über soziale Verhältnisse, die im „Kleine Beile"-Fokus auch dann neu erscheinen, wenn sie presse- und justizmäßig schon ausgeschlachtet worden waren. Nichts dient dazu, etwas beweisen zu müssen, sei es diese Theorie oder jene, Verelendung bezeugen oder Ausbeutung oder die Schuld des Angeklagten oder Freispruch. Entsprechend blass erscheinen daher im Buch die Gerichtspersonen. Sie sind mitnichten die Hauptpersonen im Gerichtssaal. Sie spielen halt ihre Rollen wie sonst auch, das ist wenig interessant, genauso wenig wie das, was den US-Mainstream-Film bewegt: gelingt es dem Staatsanwalt die Geschworenen zu überzeugen? Und der Angeklagte schaut dem zu wie der Zuschauer im Kino. Kirsten Küppers ist das so egal, dass wir häufig nicht erfahren, wie die Verhandlung nun ausgegangen ist. Verurteilung oder Freispruch? Und recht hat sie, wenn der Angeklagte/die Zeugin nicht seine/ihre Rolle spielen soll, sondern etwas Unverstelltes über die Welt mitteilen soll, in der sie/er/wir leben. „Kleine Beile" ist nicht großes Kino.

Was die Autorin zu Hauptsätzen macht, könnte gut und gern mit Ausrufezeichen enden. Einer Gerichtsperson wie dem Staatsanwalt geht es genau andersrum. Er fragt sich ständig was. Nämlich: wie kann ich das, was grade gesagt wird, für die Beweiswürdigung verwenden? Schuldig? Nicht schuldig? Er arbeitet, er verwendet das, was im Buch soziale Verhältnisse sind, für seine professionelle juridischen Zwecke. Er beutet die Existenzen, die ihm im Gerichtssaal vorgeführt werden, aus. Das hat was Unerlaubtes an sich, ist aber nicht nur erlaubt, sondern geboten. Ich weiß das nur zu gut, weil ich selber ein paar Jahrzehnte als Vertreter der Anklagebehörde im Gerichtssaal gesessen habe. Und ich habe dort das erste Wort, wenn es an die Beweiswürdigung geht. Freispruch oder Verurteilung? Das Gericht kann dann in aller Ruhe beraten. Und wieder steht es 50 zu 50. War er es? Doch nicht? Von fern dringt eine Stimme in mein Ohr: „Herr Staatsanwalt, Ihr Antrag!" Ja also oder nein? Ich erhebe mich, alle sehen mich an, die Gerichtspersonen, die Reporterin, Angeklagte, Zeugen. Ja, ich bin jetzt die Hauptperson, die ich in Kirsten Küppers' Buch definitiv nicht bin. Ich rede jetzt schon eine Viertelstunde und weiß immer noch nicht, was ich beantragen soll. Ich muss mich entscheiden. „Im Zweifel zu Gunsten des Angeklagten – falls die Zweifel vernünftig sind". Ja, es gibt Zweifel, aber blablabla ... Les jeux sont faits. Die Kugel fällt. Auf schwarz? Auf rot?

Überzeuge ich in meinem Nachwort einen Leser davon, wie aufregend, spannend und Mitgefühl auslösend die Entscheidungsfindung des Anklagevertreters ist? Nein? Dann nutze ich wenigstens die Gelegenheit, im Nachwort das auszubreiten, was die Autorin nicht im Fokus hat. Mit recht, wie ich bereits bemerkt habe. Aber meine Anekdote über die Gewissensnöte des Staatsanwalts kontrastiert hoffentlich dann doch die Nöte derjenigen, die vor Gericht erscheinen. Ihnen wendet sich Kirsten Küppers empathisch zu. Ihre Blickrichtung imponiert mir – diese Beobachtung, die teilnimmt.

VERBRECHER VERLAG

Verena Sarah Diehl, Jörg Sundermeier, Werner Labisch (Hg.)

KREUZBERGBUCH

160 Seiten
12,30 €, 24 SFr
ISBN: 3-935843-06-2

In den 80ern war Kreuzberg ein Mythos. Berlinerinnen und Nichtberliner, West- und Ostdeutsche, Migranten und Rucksacktouristen schwärmten von diesem Bezirk oder machten einen weiten Bogen drum herum, lebten hier oder wollten hier leben. Kurz: sie träumten von Kreuzberg. Ein Rückblick ohne Verklärung und Wehmut, gut gelaunt.
Texte und Bilder von: Doris Akrap, Jim Avignon, Annette Berr, Françoise Cactus, Tatjana Doll, Sonja Fahrenhorst, Oliver Grajewski, Darius James, Meike Jansen, Jürgen Kiontke, Almut Klotz, Dietrich Kuhlbrodt, Leonhard Lorek, Max Müller, Wolfgang Müller, Thorsten Platz, Christiane Rösinger, Sarah Schmidt, Stefan Wirner, Deniz Yücel.

Verena Sarah Diehl, Jörg Sundermeier, Werner Labisch (Hg.)

MITTEBUCH

160 Seiten
12,30 €, 24 SFr
ISBN: 3-935843-10-0

Berlin-Mitte ist der Bezirk, der zugleich symbolhaft für das steht, was die Konservativen wie die Sozialdemokraten für sich reklamieren: die Mitte. Doch was ist das? Im Mittebuch finden sich Reportagen, Geschichten und Bilder, die belegen, dass die Mitte alles andere ist, als das, was sich Politik und Wirtschaft erhofft haben. Mit Beträgen von: Lilian Mousli, Tanja Dückers, Ambros Waibel, Rattelschneck, Heike Blümner, Almut Klotz u.v.a.

Verbrecher Verlag   Gneisenaustrasse 2a   10961 Berlin
www.verbrecherei.de   info@verbrecherei.de

VERBRECHER VERLAG

Wolfgang Müller
DIE ELFE IM SCHLAFSACK

Geschichten und
Zeichnungen
Taschenbuch
108 Seiten
12,30 €, 24 SFr
ISBN 3-935843-04-6

Der Elfenexperte Wolfgang Müller arbeitet mit Gestalten der isländischen Mythologie und entführt sie in die heutige Zeit. So ist von einem Handelskrieg unter Zwergen zu lesen, vom Odinshühnchen, das die Geschlechterrollen in Frage stellt, und von einem männlichen Wasserfallnymph, der sein Coming Out in warmen Quellen erlebt. Komplettiert wird das Buch durch eine Zitatensammlung, in der sich prominente Isländerinnen und Isländer zu Elfen und Zwergen äußern.

Max Müller
MUSIKCAFÉ WOLFSBURG

Geschichten und
Zeichnungen
Taschenbuch
110 Seiten
12,30 €, 24 SFr
ISBN 3-9804471-7-0

„Müllers Texte sind weit entfernt von der billigen Faszination des Morbiden, mit den Stilmitteln der Groteske und des Splatterfilms wird eine zutiefst moralische Botschaft vermittelt."
Christiane Rösinger / FAZ

Verbrecher Verlag   Gneisenaustraße 2a   10961 Berlin
www.verbrecherei.de   info@verbrecherei.de

VERBRECHER VERLAG

Dietrich Kuhlbrodt
KUHLBRODTBUCH
Erinnerungen
256 Seiten

ISBN: 3-935843-13-5
144 Seiten
14 €, 27 SFr

Dietrich Kuhlbrodt, Jahrgang 1932, erinnert sich, wie man sich erinnert. Da es dabei nicht chronologisch zugeht, geht es rund. Der Stoffhund Wauwi überlebt und reist nach Simbabwe, Theater macht Arbeit und in Ludwigsburg werden Naziverbrechen aufgeklärt.
Dietrich Kuhlbrodt arbeitet seit 1957 als Filmkritiker u.a. für „Schnitt", „Konkret", „Taz", „Jungle World". 1964 bis 1995 Staatsanwalt in Hamburg. Seit 1983 Darsteller auf der Bühne und im Film. Hunderte von Artikeln. „Das Kuhlbrodtbuch" ist sein erstes Buch.

Verbrecher Verlag   Gneisenaustrasse 2a   10961 Berlin
www.verbrecherei.de   info@verbrecherei.de

VERBRECHER VERLAG

Tom Combo
DER SPIELRAUM

Roman
252 Seiten
13 €, 24 SFr
ISBN: 3-935843-25-9

Im Ich-Findungs-Seminar in einer Kaffee-Fabrik in New Mexico stellt sich heraus, dass Alex Harper ein anderer ist als er selbst. Währenddessen versucht der Wrestling-Ghostwriter Traven, den mysteriösen Tod seiner Lieblingsfigur aufzuklären. Ein unbedeutender Politiker hat plötzlich größte Chancen auf das Amt des Gouverneurs und Fernandez versucht gleichzeitig seinen jüngeren Bruder zu beschützen und seine Idee von der Friedenspolka zu verbreiten. Sind die plötzlich in vornehme Wohnquartiere einbrechenden Schlägerbanden Zufall oder auf ein Komplott zurückzuführen? Und was haben die Jazz-Band und der Schönheitschirurg mit alldem zu tun? „Der Spielraum" ist ein Thriller, angesiedelt zwischen Täuschung und Realität, zwischen Action und Passivität.
Tom Combo (Jahrgang 65), mit bürgerlichem Namen Thomas Meister, kommt aus Winterthur und ist Autor, Lohnarbeiter, Entertainer, Teilzeitpapa und Musiker. Er veröffentlicht regelmäßig in diversen Zeitschriften und Zeitungen und steuerte diverse Beitrage zu Anthologien bei. Zuletzt erschien im Verbrecher Verlag: „Vielleicht nur Teilzeit. Geschichten und Reportagen" (2001)

Verbrecher Verlag   Gneisenaustraße 2a   10961 Berlin
www.verbrecherei.de   info@verbrecherei.de